從古羅馬帝國、羅斯柴爾德家族到金融海嘯，
看懂國家興衰與金融巨頭崛起的意外真相！

一小時讀通世界金融史

お金の流れでわかる世界の歴史：富、経済、権力……はこう「動いた」

大村大次郎 著
李漢庭 譯

Contents

目次

Preface

序

了解「金流」，就會改變「世界史的觀點」！

本書的主題是從金流來了解世界史。

世界最古老的錢是什麼？眾說紛紜，有一說是西元前一六〇〇年左右，中國殷商以貝殼當作最古老的貨幣。

更早之前的美索不達米亞地區，也曾經以銀來當作貨幣，但並不是圓形的貨幣，而是單純以重量計價。比方說西元前二〇〇〇年左右，美索不達米亞平原北部的《伊施嫩納法典》就有記載「咬人的鼻子罰銀一米納（約五百公克）」。

古埃及曾經以銅作爲貨幣，和美索不達米亞一樣都是以重量計價，比方說「布料值十迪本（約四百五十五公克）的銅」。兩者雖然使用銀與銅交易，但只是以物易物的發展，不能稱爲「貨幣」。

所以目前已知最早的貨幣，還是中國殷商的貝殼貨幣。

另一方面，最早的貴金屬圓形貨幣則是西元前六七〇年左右，由呂底亞王國（現在的土耳其一帶）所發明。

當時呂底亞王國坐落在小亞細亞一帶，盛產金銀比二比一的天然合金「銀金礦」（Electrum），呂底亞王國第二代國王阿杜斯（Atys）就使用銀金礦來鑄造錢幣。最早的錢幣外型凹凸不平，但是都有獅頭圖樣，並且每枚錢幣重量相等。

呂底亞王國鑄造的錢幣非常方便，迅速風靡整個地中海地區。以前交易必須測量銀或銅的重量，有了錢幣之後只要計算幾枚錢幣就可以了。

本書日文書名爲《お金の流れでわかる世界の歴史》（從金流理解世界歷史），其中的「金」並不單指金錢，還包括象徵金錢的各種財富，從個人存款到國家財政皆包含在內。

所以本書的主題就是**世界歷史中的財富如何累積，以及如何流動**。

早在金錢出現之前，人類就已經有了財富。

人類開始農耕之後，會囤積農作物以獲得財富，甚至更早之前就會占領山野森林，保護自己的財富。

人類發明金錢作爲交換、儲蓄的方法，最後發展出銀行、有價證券等高水準的金融技術，取得財富的方法也有了更多變化。

而且人類在發明金錢之前就已經有了國家，也會收稅並管理財政，國家在稅收與財政上的優劣，會影響國力的強弱。

即使取得財富的方法不斷變化，人類追求財富的本性依然亙古不變，所以**世界史也可以說是人類追求財富的經過**。

財富如何流動，又如何累積？本書要從這個角度來解讀世界史。

我曾經擔任國稅調查官。因此撰寫過許多財稅、經濟等相關書籍。

當我還在國稅機構任職的時候，就已經開始研究金錢的歷史，蒐集古老文獻，分析自古至今的金流，並投稿至經濟與歷史雜誌。於是我有了歷史作家的頭銜，並以不同筆名出版了三十多本歷史書籍。

有編輯得知此事，提議是否能由金錢與經濟的觀點來探討世界史，這正是我夢寐以求的機會，因爲我無時無刻都在想著以下這件事：

人們總說人類的歷史是以政治與戰爭爲主，誰掌控政權，誰贏得戰爭，誰就改寫歷史。

但是眞正推動歷史的不是政治，也不是戰爭。

而是金錢與經濟。

擅長蒐集並分配金錢的人就能掌握政權，而只有經濟後盾強大的人才能贏得戰爭。

所以**只要從金流看歷史，就能看出完全不同的歷史本質。**

比方說法國大革命。

我們在國高中的歷史課本會學到：「法國國王掌控絕對權力，生活優渥，但國民卻沒有自由，生活困苦，在極度不滿之下終於爆發法國大革命。」

實際上，當時的法國國王並沒有絕對王權，也沒有驚人的財富，反而是債臺高築。國王被商人與其他貴族欺壓，只好向民眾課稅來還錢，由於重稅引發民眾不滿，才會爆發革命。

法國大革命之後的拿破崙王朝大起大落，也和金錢脫不了關係。

拿破崙之所以盛極一時，是因爲法國的軍費比其他國家便宜，當時歐洲各國都聘請昂貴的「傭兵」來打仗，造成沉重的財政負擔，但是拿破崙採用徵兵制，才能以低廉成本組織龐大軍隊。

拿破崙軍團一時席捲歐洲，但法國仍留有前王朝的債務，拿破崙後來無法籌措到更多軍費，無法打持久戰，最後才節節敗退。

這就是以經濟看歷史的例子。

從「金錢觀」來看世界史，就會發現新的史實，甚至可以說，以金流來看世界史，印象會更加深刻。

讀者看完本書之後，想必會獲得截然不同的世界史觀。

大村 大次郎

Chapter 1

第一章

古埃及與古羅馬因爲「逃稅」而滅亡

1 「稅收制度」讓古埃及盛極一時

國家興衰都有一定的「模式」

我想從埃及開始闡述這段漫長的金錢史。

古埃及是古代世界文獻記載相對較多的國家，也有較多史實可以考究當時財富的累積與分布狀況。

而且古埃及的財政史，正是古今中外各國興亡歷程的典範，換句話說，**古今中外任何國家的興亡過程其實大同小異。**

古埃及曾經繁榮長達三千年。

為何能繁榮這麼久？歷史學家一直沒有定論。

有人認為「埃及四周都是沙漠，易守難攻」，有人認為「尼羅河流域土壤肥沃，得天獨厚」，但埃及並不是古代才有沙漠，才有尼羅河的沃土。從古至今的埃及都是被沙漠圍繞的肥沃土地。

然而，古埃及時代結束之後，埃及便不斷受到周遭國家侵略，難以維持和平。為什麼就只有古埃及時代的那三千年過得歌舞昇平？

筆者認為最大的因素在於稅收制度。

由古至今，所有帝王或政府最大的煩惱與困擾都是如何課稅，課太多會造成民眾不滿，課太少則國家難以運行。

而且稅制不公平也會造成民眾不滿，要是稅收過程有漏洞，中間層層剝削，國家就會貧乏。

古今中外任何國家想要富強，絕對要滿足「稅收制度完善」與「國民生活穩定」這兩個條件。繼續閱讀本書就能進一步理解。

事實上古埃及的稅收制度非常優異，民眾的生活也相當富庶。

說到古埃及就想到金字塔，以及領導者法老的龐大財富，但古埃及並不是只有法老富裕而已。

據說古埃及人民再怎麼窮，家裡一定有爐灶，而且埃及還有垃圾問題，代表民眾已經開始形成都市。

國王有財富，民眾生活富庶，代表稅收制度完善。如果稅收不順利，國王就沒有財富，國防力量薄弱，民眾也無法安心生活。因此，當時的埃及稅負不重，稅率公平，而且收稅效率良好。

優秀而清廉的基層官員

古埃及的強盛原因在於中央集權的國家體制。

將全國的力量集中在一個點上，國力當然會提升，接著有強大的軍隊，再以軍事力量降伏周圍國家。古埃及法老之所以能蓋金字塔，在裡面堆積金銀財寶，都要感謝中央集權制度。

古埃及的中央政府掌握全國的行政權與賦稅權。

不過實際執行政務與課稅業務的，則是基層官員「書記」。

書記名義上的工作是記錄各種行政狀況，實際上則是全方位的基層行政官員。

書記當然要會識字寫字，當時還沒有發明紙張，所以讀寫可說是一種特殊技能，有這種特殊技能的人當然會受重用。

書記們在課稅業務上表現相當傑出。

古埃及幾乎所有土地都是國有，國民名義上是租借國有地務農，同時規定詳盡的納稅義務，農作物、商業、進出口、持有奴隸，各種經濟活動都要課稅。

農作物要課百分之二十的收成稅，收成稅不是按照實際的作物收成量計算，而是按土地面積推算預定收成量來計稅，書記們也都算得很精準。甚至**古埃及哲學家歐幾里德所寫的《歐幾里德幾何學》，也只是把埃及稅務官員測量土地的方法整理成書而已。**

古埃及行政機構的優點，就在於書記（稅務員）是正式的中央官員。

書記領中央的薪水，執行課稅任務。

這對現代人來說是理所當然，但在中世紀之前，課稅員其實都是外包工程，外包人員取得國家的課稅權，課得稅收之後，把一定金額上繳給國家。也就是說，稅金收得愈多，就愈能中飽私囊，於是經常發生超收的狀況。

但是，古埃及的書記是由國家支付薪水，所以只要按照稅制課徵就好。書記也有查稅權，查稅方法就跟現代一樣，檢查農作物與商品的庫存，尋訪民眾的收入狀況，古埃及遺跡中也有書記查稅的壁畫，過程與現代完全相同。

當然也有擅自決定稅額的書記，那就是超收稅金以中飽私囊的「貪官」。

但是，治理國家的法老為了避免官員貪汙，命令書記必須「慈悲為懷」。

「如果貧困的農民繳不出稅金，就減三分之二的稅額。」

「如果想盡辦法仍繳不出稅金，就不再追討。」

這些都是法老頒布過的命令紀錄。

古埃及還有監察書記的機構，以及以下這樣的法令：

「若稅務官向國民超收稅金，便要割掉鼻子，並流放至阿拉伯。」

據說書記是世襲職位，但沒有明確證據。

古埃及有國立書記學校，課本上有這麼一段話：

「成為書記，可保有靈活的手腳與柔軟的手心，身穿白衣，連朝臣見了你都要行禮。」

還有某個書記留下一份家訓，給自己就讀國立書記學校的兒子。

「只要當上書記就不必受人使喚，是天下最安穩的工作。」

既然學校與父母「勸小孩要當書記」，代表小孩也可以不當書記，或許書記並不一定要世襲，但是要有一定的能力才能錄取。這一點還有待更深入的研究。

稅收官員的「腐敗」就是亡國的開始

但無論如何完善的官僚制度，終究都會隨著時間而腐化。

本書從經濟面探討世界史上**知名大國如何興盛、如何衰亡，其實都有一定的模式**。稅收順利會使國家富強，但富強的國家會出現腐敗貪官，造成國家財政崩潰，貪官又抽重稅想拯救財政，結果引發民眾不滿。

民眾形成反抗勢力，再加上外來侵略，國家政權便滅亡了。

埃及的法老也走上了這條「康莊大道」。

古埃及後期（西元前一三〇〇年左右），稅收官員們開始瞞著國王抽重稅以中飽私囊，法老爲了塡補財政空缺只好拉高稅率。

結果就有民衆受不了這樣的重稅。

繳不出稅金的農民被迫放棄農地，農村人口減少，稅收不足而無法維修尼羅河的堤防，以致尼羅河一氾濫就重創農村。

《舊約聖經》裡的〈出埃及記〉，提到摩西帶著被奴役的猶太人逃離埃及。其實猶太人剛開始很受埃及法老的禮遇，但是西元前一二六〇年左右，某一任法老突然將猶太人貶爲奴隸，所以猶太人才要逃離埃及。有人認爲可能是猶太人被課重稅又繳不出來，才會被貶爲奴隸。

無論這個說法是眞是假，至少確定古埃及末期政局混亂，猶太人才不得不逃出埃及。

而當時有另一股勢力崛起，也就是「神廟」這種宗教團體，如阿蒙神廟。

阿蒙神廟原本是法老祭祀阿蒙神的神廟，當法老式微，神廟就相對強勢。

古埃及的阿蒙神廟有強大的特權。

神廟的土地與農作收成不需要課稅，神廟裡的勞工也不需要課人頭稅，而且如果有人繳不起稅而逃進神廟裡，稅收官員就無法追討稅金。

當埃及官僚體制逐漸腐敗，民衆就接連逃入神廟，將要課稅的財產與土地捐給神廟，讓阿蒙神廟勢力壯大。古埃及末期，王室的稅基降到原本的二分之一，而減少的部分都轉移到了阿蒙神廟的名下。

西元前一〇八〇年左右，阿蒙神廟在埃及領土上宣布獨立建國，古埃及也就分崩離析了。

埃及勢力在西元前五二五年跌到谷底，被崛起的波斯人（即阿契美尼德王朝）給征服，然後到了西元前三三二年，被馬其頓的亞歷山大三世給消滅。

2 古羅馬因爲「逃稅」而滅亡

「低稅金」創造自由的經濟活動

古羅馬在古歐洲一帶擁有強大勢力，是現代歐洲的基礎。古羅馬推行原始的民主制度，對現代民主制度有極大影響。

古羅馬繁榮長達千年以上，大致可以分爲三個時期：

- 西元前七五三年到西元前五〇九年的「王政時期」。
- 西元前五〇九年到西元前二七年的「共和時期」。
- 西元前二七年到西元三九五年的「帝國時期」。

簡單來說，古羅馬就是帝制與共和的交替。

無論哪個時期，羅馬政治都很重視人民的權利與自由，就連帝國時期的皇帝，名義上也要由人民代表票選出來。

古羅馬繁榮的一大要因，在於人民可以自由進行經濟活動。古羅馬的共和時期，羅馬市民幾乎沒有直接繳稅，因爲沒必要繳稅。國家最大的財政負擔是軍隊，但古羅馬的軍隊幾乎不花錢，因爲羅馬市民規定要無償服役一年，武器還要自己準備，連軍隊裡的行政人員也是由羅馬市民無償擔任。

行政經費是由出口關稅與奴隸稅來支付，只要買賣奴隸就要課徵百分之二到百分之五的買賣稅，解放奴隸的時候要依奴隸價格課徵百分之五的稅金。

然而，後來古羅馬與周邊國家的衝突日益增加，開始聘僱傭兵組成軍隊，就需要增加稅收。

於是頒布了「戰爭稅」。

戰爭稅是一種財產稅，市民申報財產總額，按照比例課稅，而且有累進稅率。

財產種類不同，戰爭稅的稅率也不同，比方說珠寶、昂貴服飾、豪華馬車等奢侈品，最高要課到十倍的稅金。

而且一旦開戰，有錢人還有義務貸款給國家。

戰爭稅最特別的地方就是有補償機制。如果羅馬軍隊戰勝，搶到戰利品，就會補償民眾繳納的稅金。所以羅馬的戰爭稅，其實比較像是公債或股票。

當羅馬軍隊連戰連勝，國土不斷擴張，戰爭稅就被廢除了。羅馬城邦（即羅馬共和國）誕生後三百五十年（西元前一五〇年左右），戰爭稅就已經全面廢除。

廢除戰爭稅之後要怎麼籌措財源呢？就是向被征服的土地課稅。

羅馬征服一塊土地之後，會先納作領地，然後租借給被征服的民眾使用，並且課稅。羅馬藉由課稅從各地搜刮貴金屬與作物，就足以維持國家運作。

尤其從西班牙收來的金銀更是讓羅馬國庫豐沛，光是從西元前二〇六年到西元前一九七年這十年內，西班牙就向羅馬上繳了一．八噸的黃金，六〇噸的白銀。羅馬有了這些金銀，才得以創建貨幣制度。

西元前二〇〇年左右所鑄造的德納留斯錢幣（Denarius）是羅馬境內的主要流通貨幣，連傭兵的薪水都是以此支付，而鑄造貨幣本身就是羅馬的重要財源之一。

羅馬派遣總督率領強大的羅馬軍隊管理領地，總督在領地有絕對權力。

但領地的稅制不是採用本國統一稅制，而是按照當地傳統來徵收，羅馬就是這樣軟硬兼施，才能管理廣大的領土。

帝國主義化——金錢如何流動？

羅馬的溫和占領政策，在共和時期尾聲開始瓦解。

羅馬民眾嚐到了領地進貢的甜頭，開始得寸進尺。西元前一三〇年左右，羅馬開始對領地課徵「收成稅」。然而，收成稅是由外包的課稅員去課稅。

課稅員要先向羅馬政府購買五年期的課稅權，也就是羅馬政府會先向課稅員一口氣收五年的稅。如此一來，短期可獲取相當的收入，但政府必須提供課稅員一筆「預繳折扣」，所以長期來說是吃虧的。

而外包課稅員制度最大的缺點，就是課稅員的權力會無限上綱。

預繳五年的稅金需要龐大的財力，所以課稅員們會組織起來，像是一間公司。

這就是人類史上最早的公司。

一般民眾也可以投資這家公司（課稅包商），投資人與課稅員的立場相當分明，傳承到現在就是「經營權與股權分離」的股份有限公司。

課稅包商要向羅馬政府繳交鉅額的課稅權利金，當然要徵收更多稅金來賺錢。而且課稅包商擁有對領地強制課稅的權力，所以課起稅來非常刻薄。

課稅包商並不會直接課稅，而是在各領地聘雇當地的外包課稅員，課稅包商再從中抽成。所以領地民眾同時要被課稅包商和當地的外包課稅員抽成。

這個制度讓稅率飆漲，當然就有領地叛亂。

其中傷害羅馬最重的，就是米特里達提王（Mithridates）叛變。

西元前八八年，土耳其地區的米特里達提王率領大部分的希臘城市起義，光是一天的起義，就殺了八萬個羅馬的外包課稅員，以及兩萬個羅馬商人。

米特里達提王並沒有要求獨立，而是要求「廢止外包課稅員制度」，以及「參加起義的所有城市免稅五年」。

羅馬軍隊平定了這場叛亂，但是羅馬政府也受到沉重打擊，使得共和政府陷入混亂，結果進入帝國時期。

使國家繁榮的課稅方法

強大的中央集權國家

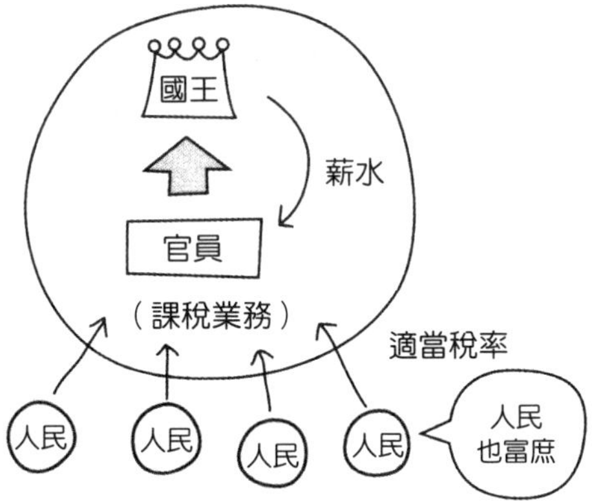

亡國的模式

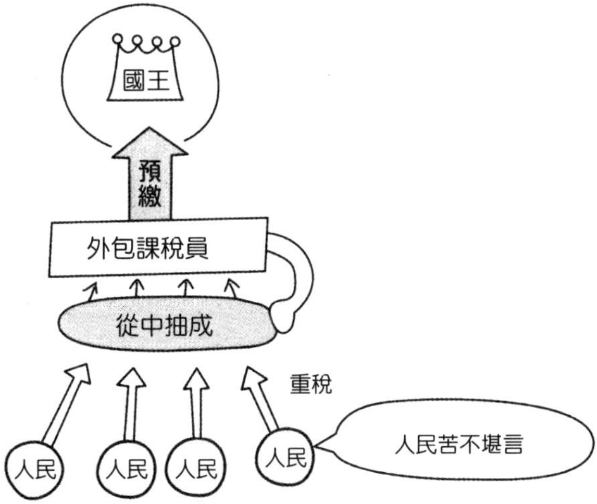

尼祿皇帝推行「稅收安定政策」

羅馬共和政權崩潰的主要原因之一，就是稅收系統失能。外包課稅員的權力太強，導致政府收不到稅。此外，因為人民對課稅員的腐敗感到不滿，各地也接連起義。

古羅馬為了改善國家制度，決定找出一個強大的領導者。他們找到了羅馬帝國的第一任皇帝——奧古斯都。

奧古斯都原本是羅馬執政官（類似總統），後來慢慢強化自己的權力，最終成為皇帝。

奧古斯都決定由政府直接對領地課稅，盡量避開外包課稅員，當時剛被羅馬征服的埃及則被劃為皇帝直屬領地，要強化財政基礎。

包括奧古斯都在內的歷任羅馬皇帝，都致力於創造更簡單、也更公平的稅收制度。

就連惡名昭彰的尼祿皇帝也不例外。

原本羅馬的課稅規則是國家機密，尼祿率先公布課稅規則，並規定若有民衆繳不出稅，一年後就不得追討，將消滅貪腐課稅員作爲最優先課題。在歷任皇帝的努力之下，古羅馬的稅收制度總算比之前穩定許多。

但是外包課稅員制度並沒有被廢除，課稅官員的貪腐依然層出不窮。《新約聖經》的背景就是羅馬帝國統治下的以色列地區，所以能從中看見羅馬對領地的治理狀況，尤其經常提到課稅員的事情。

耶穌曾經與課稅員一起吃飯，所以被猶太教徒找麻煩，問他爲什麼要跟那樣罪孽深重的人吃飯？但耶穌回答，他是要來讓罪人懺悔的。

當時的課稅員被猶太人看成大罪人，可見古羅馬課稅員的貪腐並沒有獲得改善。

西元二〇〇年的「超級通貨膨脹」

稅收不足的羅馬政府做了什麼？

發行更多貨幣。

羅馬的德納留斯錢幣原本是由純銀打造，尼祿皇帝開始減少錢幣的含銀量，西元二〇〇年左右，德納留斯錢幣大概只剩下百分之五十的含銀量，西元二七〇年更降到只有百分之五，而且往後還不斷降低。

這下當然引發嚴重的通貨膨脹。

西元二〇〇年左右，一布謝（Bushel，約三十六公升）的小麥價值兩百德納留斯，但是到了西元三四四年卻飆漲到兩百萬德納留斯，通膨達到一萬倍，真的可謂超級通膨。

要怎麼阻止通膨？除了發行更多貨幣之外，也要設法增加稅收。

西元二八四年即位的戴克里先皇帝大大強化了稅收制度，由中央政府對帝國境內所有的城市與領地直接課稅，要排除課稅員與當地權貴的「中間剝削」。

羅馬政府親自調查國內戶口，決定稅額，不再以貶值的德納留斯幣來課稅，而是以農作物等實體物品來課稅。

住在義大利的羅馬市民要直接向中央繳稅。傳統上，羅馬市民（因地位相對較高）不需要繳人頭稅，但是戴克里先廢除了這項特權。

戴克里先的稅制改革一時獲得了成效，羅馬帝國又恢復過往的強盛，但他的稅收制度並沒有持續太久。

因爲戴克里先的稅收制度需要有龐大的行政組織來執行，光是維持這個行政組織就需要耗費大筆稅金。

當時的課稅做法非常嚴厲，官員經常對民衆用刑，甚至有許多羅馬市民因繳不出稅金，而把自己的小孩賣去當奴隸，或者把自己賣作奴隸。

而且**行政組織愈肥大，就愈容易腐敗**。

富裕的貴族與大地主可以賄賂官員，以免除或減少稅負。羅馬市民與農民可以把自己的土地財產捐給貴族與地主，以受到他們的庇護。

結果富者愈富，人民的生活卻更加貧窮。

這是古今中外所有封建國家都會發生的現象。

日本平安時代的農民也曾經爲了逃稅，將農地捐給有權有勢的貴族，這就是所謂的「莊園」。莊園愈強大，中央政府的權力就愈衰弱，各地群雄割據，就是所謂的「封建時代」。

戴克里先卽位大約一百年之後，古羅馬終於分爲東西兩邊，走向滅亡。

Chapter 2

第二章

猶太人與中國人——自古就擅長「金融」的民族

為何猶太人會成為世界的經濟與文化核心？

如果要談「世界史與金錢」，絕對少不了猶太人。

羅馬帝國、大英帝國，這些強國都曾經支配世界經濟，但猶太人從來沒有建立過一個強國。

他們長久以來都是沒有國家的流浪民族。

但是他們擁有巧妙的金融與商業技術，穩坐世界各國的經濟中樞。**在世界史上所有的經濟大國中，都有猶太人的影子。**

莎士比亞的作品《威尼斯商人》描寫狡猾的猶太人如何放高利貸，而近代銀行始祖羅斯柴爾德家族也是猶太人。

除了經濟之外，猶太人在文化與思想上也占了很重要的地位。

猶太人信仰猶太教，而猶太教的《舊約聖經》是基督教與伊斯蘭教的經典源頭，所以基督教與伊斯蘭教都源自於猶太教。

猶太人的歷史相當悠久，至今仍對現代經濟與社會有重大影響。

為什麼猶太人可以長期掌控世界經濟與文化的核心？

答案就藏在他們的歷史之中。

《舊約聖經》說猶太人大約有四千年的歷史，而且是人類起源亞當與夏娃的子孫。史實上又是怎麼回事呢？西元前二〇〇〇年左右，亞伯拉罕率領美索不達米亞（現在的伊拉克南部）的人民前往迦南美地（現在的巴勒斯坦），這就是猶太人的起源。

猶太人剛開始在迦南美地游牧，直到西元前十七世紀左右才遷往埃及，但是在埃及被當成奴隸，所以先知摩西在西元前一二六〇年左右率領猶太人逃出埃及，在巴勒斯坦建立以色列古王國。

以色列王國的第三代國王所羅門讓王國盛極一時，透過紅海貿易搜括了世界各地的財富。

但是所羅門死後，以色列王國分裂為北以色列王國和猶太王國，勢力衰退。西元前七二二年，北以色列王國被美索不達米亞的亞述帝國消滅；西元前五八六年，猶太王國被新巴比倫王國消滅。

從此猶太人就成了「流浪民族」。

從當時開始，猶太人就已經做起了借貸生意。

西元前五三八年，波斯帝國掌握了東方世界的霸權，允許猶太人回到巴勒斯坦。猶太人回到故鄉之後，修築了耶路撒冷神殿，並且建立猶太教律法，目前猶太教的基礎就是在那時建立起來的。西元元年左右，希律王獲得羅馬帝國支持，在以色列地區建立希律王國。也就是說，希律王是個猶太人，卻不是憑著猶太人的力量建國。

當時的猶太人之中，出現了一個思想前衛的年輕人。

那就是耶穌基督。

希律王死後，羅馬帝國與猶太人的關係惡化，西元六六年爆發猶太戰爭，西元七〇年耶路撒冷淪陷，猶太人又成爲沒有國家的流浪民族，直到一九四七年以色列建國爲止。

現代世界的金融系統就從這裡誕生！

觀察猶太人的漫長歷史，可以發現他們在任何土地上都屬於劣勢的一方，屬於異教徒，不斷遭受迫害與驅逐。

十字軍東征時期，猶太人居住區經常遭到攻擊，十三世紀的英國也驅逐猶太人，歐洲各國更是討厭猶太人。

猶太人就算沒被驅逐，也要被軟禁在猶太區（Ghetto），而且公民權受到許多限制（但並非所有地區都如此）。猶太人直到法國大革命之後，才在歐洲享有與其他民族對等的公民權。

猶太人就是這樣在世界各地流浪，尋找歸宿。

難怪猶太人被稱作「流浪民族」。

而這種流浪特質，讓猶太人培養出獨特的賺錢技術與生意手法。

可以說猶太人是因爲流浪，所以富裕。

流浪就代表了掌握各地的資訊，而且四海之內皆有兄弟，容易建構網路。猶太人的生意手法，少不了遍布全球的人脈網。

而且猶太人不定居在一個國家，沒有母國，表示他們能夠客觀的審視每個國家。猶太人就是擅長把各地的文化與物品運往其他地區。

據說就是猶太人將印度的算數方法傳到歐洲，將阿拉伯數字傳到東西方，而香菸與咖啡傳遍歐洲也是猶太商人的功勞。

此外，**猶太人對於創造全球金融交易系統也是功不可沒**，甚至可以說，現代金融系統就是由猶太人打造出來的。

猶太人自古就擅長金融與借貸。

史上最古老的借貸公司，是西元前六世紀巴比倫的「姆拉許商會」，紀錄上有七十個猶太人金主。

西元前五世紀的埃及莎草紙文獻，也提到猶太人借貸的事實。

猶太人自古還擅長匯兌。

匯兌需要高度的金融技術，到了現代也是金融的重要核心（知名的金融巨鱷索羅斯就是靠操縱匯率賺大錢）。爲什麼猶太人擅長匯兌？這也跟他們的「流浪」與「離散」有關。

古代猶太律法規定每年要向巴勒斯坦教會繳交半舍客勒（Shekel，大約是年收入的一成）的稅。

而且猶太人自古流散各地，自然持有多種的各地貨幣，必須以匯兌技術讓這些貨幣發揮功能。

所以猶太民族出了很多匯兌商人。

匯兌是一門很賺錢的生意。

當時並沒有固定的匯率，所以貨幣怎麼換，全看匯兌商的意思。

匯兌商不僅換錢，還會借錢。當時的猶太教禁止猶太人之間借錢附利息，但是默許猶太人借錢給外國人。匯兌商的本行是應付各國客人，而放款就是最棒的副業，所以出現了富可敵國的猶太匯兌商。

《新約聖經》就提過耶穌在神殿看到匯兌商而憤怒（摘自〈馬太福音〉）。

為什麼猶太人擅長掌控金錢？

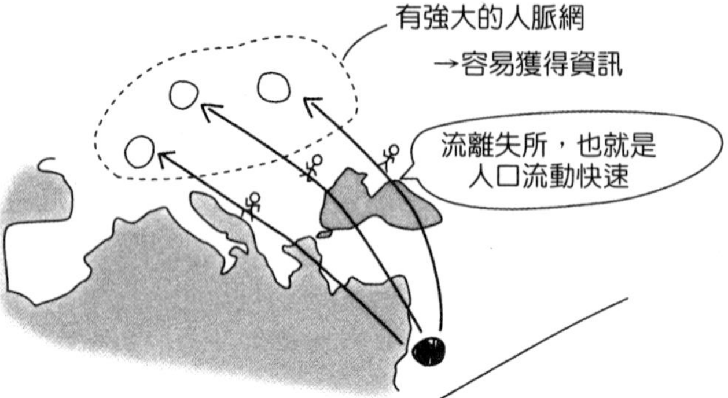

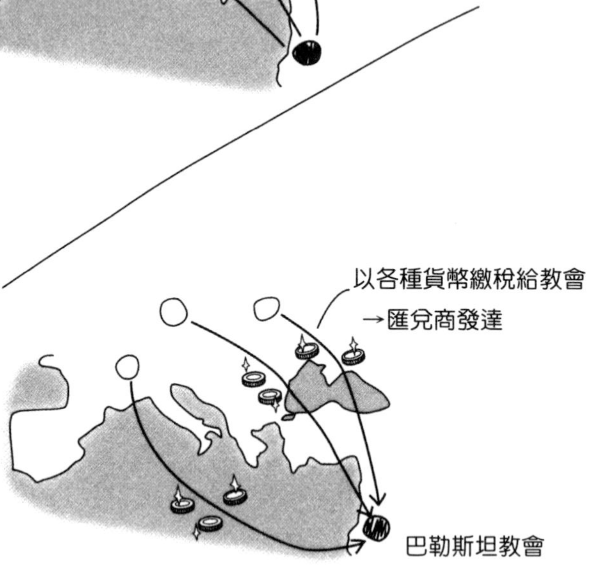

金錢是合理的處世工具

猶太人會賺錢的原因之一，在於猶太教教義：猶太教認為金錢是工具，而不是罪惡。

猶太教對於金錢的觀念確實比其他宗教有彈性。

猶太教法典《塔木德經》有以下的內容：

「財富是要塞，貧苦是廢墟。」

「金錢並非罪惡、並非詛咒，而是給予人的祝福。」

「有三件事情會傷人：煩惱，爭吵，空錢包。其中尤以空錢包最為傷人。」

基督教一直以來都不允許借貸行業，但猶太教早就接受了，而且猶太教有很多拉比（Rabbi）[1]都是企業家。

1　編注：拉比是猶太人中的一個特別階層，是老師，也是智者的象徵。

看到這裡，你會以爲猶太教鼓勵教徒賺錢，但事實並非如此。起初，猶太教也和其他宗教一樣不鼓勵賺錢。

猶太教的經典是《舊約聖經》，由西元前的猶太人們編纂而成。基督教和伊斯蘭教也都尊崇《舊約聖經》，其中並沒有鼓勵賺錢的內容。

《塔木德經》是《舊約聖經》時期之後的猶太教拉比們的教誨，也就是猶太人成爲流浪民族之後，拉比們才編纂了《塔木德經》。

猶太人成了流浪民族之後，必須拚命討生活，所以沒心情講什麼體面話。《塔木德經》反映出猶太人的流浪生活，才會鼓吹極爲合理的處世方法。猶太人流浪，所以是務實主義者，對金錢的觀念也相對合理。

猶太人沒有固定的國土，金錢就是最重要的求生工具，所以猶太人對金錢的執著大過其他民族。

猶太人對金錢的執著經常引起其他民族的反感，這也是猶太人遭受迫害的原因之一。

而且猶太民族中也有人討厭錢，最知名的就是共產主義始祖——卡爾·馬克思。

馬克思的家族在他爸爸那一代從猶太教改信基督教，但他的爺爺是猶太拉比，媽媽也是猶太人，所以全家人還是深受猶太教思想的影響。

馬克思認爲「猶太思想就是資本主義精神。」他否定資本主義、提倡共產主義，據說就是一種對猶太人的反抗。

秦始皇透過「統一貨幣」統一全中國

最早統一中國的皇帝就是秦始皇。

在秦始皇統一全中國之前，戰國時代的中國分裂爲秦、楚、燕、齊、韓、趙、魏等七個國家。

戰國時代末期，秦國以黑馬之姿瞬間平定其他六國，統一天下。

史學家們紛紛以各種角度分析秦國的勝利，也確實有很多原因，但有個很容易被忽略的經濟因素。

那就是「統一貨幣」。

戰國時代的秦國只是一個諸侯，卻在西元前三三六年就開始鑄造「半兩錢」。當時的中國已經開始鑄造貨幣，但各城各縣都自行鑄造貨幣，形狀與價值各不相同，所以非常不好使用。

秦國則是鑄造了形狀與價值都統一的「半兩錢」，強迫國民全面使用，並且嚴禁攜帶或使用他國貨幣。

當時戰國七雄之中只有秦國使用這種「公定貨幣」。一旦貨幣統一，物流就暢通，城市就壯大，政府也更容易課稅徵兵，國庫豐饒。秦國之所以能在戰國末期壯大起來，半兩錢的影響肯定不容小覷。

半兩錢的外形是圓的，正中央有方形孔洞，這麼做是爲了方便以繩索串起錢幣隨身攜帶。這種貨幣造型只有亞洲才有，歐洲與中東都沒有，所以亞洲各國都是模仿中國錢幣來造開孔貨幣。這種開孔貨幣也影響了日本，日本古代的一文錢也有開孔。

西元前一一八年，西漢武帝模仿秦朝的「半兩錢」而打造了「五銖錢」，五銖錢的造型幾乎完全沿襲半兩錢，並使用了七百年之久，是中國最長壽的貨幣。

中國曾經是亞洲的「中央銀行」？

中國有好一段時間都是世界最先進的貨幣鑄造國。

比方說西元前二世紀到西元前一世紀之間，也就是漢武帝到漢平帝的一百二十年間，就鑄造了大約兩百八十億枚五銖錢（參考《漢書．食貨志》下篇），相當於每年鑄造兩億多枚錢幣，就算資料有點誇大，應該還是鑄造了爲數不少的五銖錢。

目前日本每年大約鑄造一億到三億枚的一〇〇円硬幣，漢代中國大概就有這個量。漢平帝年代（西元二年左右）進行了史上第一次戶口普查，當時全中國人口約六千萬人，簡單計算就是每個人約使用五百枚的五銖錢。扣掉毀損的貨幣，實際使用量會再少一點，但國民肯定持有相當多錢幣。

古中國之所以能鑄造大量錢幣，是因爲金屬加工技術優越的關係。

古中國早就研發出將鐵礦燒熔之後灌入模具成形的「鑄造」技術，當時除了中國之外的世界各國仍停留在「鍛造」階段，也就是將鐵礦石燒到半熔融，用鐵鎚敲打成型。

「鑄造」是大量生產的方法，必須以熔爐熔解鐵礦，技術門檻很高。**歐洲一直到**

十四世紀才有辦法鑄造，晚了中國一千多年。中國在漢代（西元元年左右）已經研發出具備鼓風機的熔爐，基本原理與現代相同。

中國就是有了這樣的金屬加工技術，才能大量生產銅錢與鐵錢。

到了十世紀的北宋，錢幣鑄造量更超越了漢代。

北宋鑄幣廠數量眾多，銅錢三十七座，鐵錢四十四座，估計北宋在一百五十年之間鑄造的銅錢與鐵錢，多達兩千億至三千億枚。

尤其在王安石擔任宰相的年代，每年鑄造六十億枚銅錢與十億枚鐵錢。

王安石在西元一〇七三年增建銅錢鑄幣廠，隔年批准國民攜帶宋錢出國，或許是爲了把宋錢推廣爲國際貿易工具。

北宋當時銅產量過剩，開始出口銅礦，但是鑄成宋錢比直接出口銅礦更有價值。西元一〇七三年增建鑄幣廠，或許就是爲了出口銅錢。

北宋的銅錢與鐵錢大量出口到日本、越南、朝鮮，不僅成爲貿易上的「國際貨幣」，也成爲鄰近國家的「常用貨幣」。

日本在七世紀到八世紀之間也鑄造過貨幣（如富本錢[2]、和同開珎[3]），但無法在社會上普及。後來大量進口北宋錢幣，才打下貨幣經濟的基礎。

所以北宋時代的中國，就相當於日本、越南和朝鮮的中央銀行。

唐朝創造了世界最早的「匯兌銀行」

古中國很早就開始使用匯票。

也就是唐朝（七世紀）出現的「飛錢」。

由於唐朝歌舞昇平，商業發達，各地之間交易熱絡，但主要交易貨幣還是銅錢，

---

2 編注：一九九八年在奈良飛鳥池遺跡發現了三十三枚「富本錢」，從而證明至少在七世紀末，以飛鳥為中心的地區已經開始使用該錢幣了。為至今所發現最早的日本古錢幣。

3 編注：「和同開珎」是日本奈良王朝天皇和銅元年仿效中國唐代「開元通寶」所鑄造的貨幣，始鑄於西元七〇八年。其問世雖晚於富本錢，但被認為是最早在日本廣泛流通的法定貨幣。

光是搬運銅錢支付貨款，就是一件苦差事。

所以開始有商家幫人匯兌，匯兌機制如下：

長安、洛陽等大城市的商人如果要購買外地的商品，會先把銅錢送給匯兌商保管，匯兌商提供一張保管證，即可以保管證向外地的商人支付貨款。外地商人將收到的保管證交給當地的匯兌商，就可以兌領銅錢。匯兌商之間彼此合作，跟現在的匯兌銀行非常相似。

這種飛錢系統剛開始是由人民自行經營，後來轉成國營，也就是國營的匯兌銀行。據史學家的說法，世界上最早的匯兌銀行是西元一一四七年成立於義大利的倫巴底，但是中國的飛錢系統較之早了三百年。

金融技術發達的中國發明了世界最早的紙鈔

中世紀的中國，其金融與貨幣技術依然領先全球。

西元一〇二三年的北宋，發明了世界第一張紙鈔。

這張紙鈔稱爲「交子」，與現代世界所印製的紙鈔相去不遠。

交子誕生的經過如下：

中國北宋時期，四川地區商業繁榮，貨幣使用「鐵錢」，宋朝鑄造鐵錢是爲了籌備軍費與西夏打仗，所以強制四川一帶使用與銅錢等值的鐵錢。

但是鐵錢很沉重，難以攜帶，不適合鉅額交易。

所以有了幫忙保管鐵錢的金融業者，稱爲「交子舖」。

交子舖會保管客戶的鐵錢，發行票據，客戶隨時都可以拿票據到交子舖兌換鐵錢。

由於票據與鐵錢的價值相同，人民開始直接拿票據作貨幣使用，這張票據就是「交子」。當時四川的印刷技術也很發達，所以才能印製許多交子。

交子從四川開始普及，後來出現惡劣商家，印製面額高過鐵錢保管量的假交子，客戶拿了交子去交子舖也換不到鐵錢，引發「擠兌風波」。

北宋政府注意到這個現象，決定由公家發行交子，稱爲「官交子」。官交子正是人類史上第一款由政府發行的紙鈔。

官交子每一界（三年）的發行量爲一百二十五萬貫，匯兌用的準備貨幣（鐵錢）爲三十六萬貫，多發行的數量就成爲北宋政府的收入，也就是說當時發行紙鈔是「鐵錢本位制」。

後來英格蘭銀行以庫存黃金來發行兌換券（貨幣），也是一樣的道理。英格蘭銀行保存一定數量的黃金，並發行更高價值的貨幣，持有黃金兌換券的人不一定要兌換黃金，而是直接拿兌換券作貨幣使用，就算貨幣發行量超過黃金庫存，黃金也不會用光。英格蘭銀行用的這一招，就是近代銀行的基本結構。

然而北宋政府早就研發出這一招了。

北宋發行的交子，就是預先實現了現代金融系統。

Chapter 3

第三章

蒙古帝國與伊斯蘭帝國改變了「金流」！

穆罕默德的「減稅政策」發揮奇效

一般認爲世界經濟史是以歐洲國家爲主軸，其實不然。

因爲**羅馬帝國滅亡之後，世界經濟一直受到伊斯蘭世界強烈影響**。

說到伊斯蘭世界，一般容易想到現代的基地組織、伊斯蘭國這些激進宗教團體，但伊斯蘭世界其實在中世紀盛極一時，並創造出非常合理且先進的社會體制。

伊斯蘭教誕生於西元六一〇年左右，隨後勢力迅速擴張。

先知穆罕默德原本是麥加的商人，創造伊斯蘭教之後，宗教勢力迅速席捲中東、北非與西班牙。

伊斯蘭教剛創建的時候，不僅是宗教，也是一個國家。穆罕默德在宣傳伊斯蘭教的同時，也迅速擴張伊斯蘭國家的勢力範圍。

爲什麼穆罕默德的勢力增長如此快速？

沒錯，伊斯蘭教的教義對阿拉伯人來說非常有說服力。

但我們經常忽略一個重要因素：減稅政策。

穆罕默德崛起的年代，幾乎等於羅馬帝國滅亡的年代，而舊羅馬帝國的民衆都爲沉重的稅負所苦。

當時，羅馬帝國的領地要徵收人頭稅（一個人繳一筆稅）與土地稅（按照土地生產力課稅）。

羅馬帝國以基督教爲國教，民衆大多是基督徒，羅馬帝國更與基督教會聯手課徵重稅。所以只要是基督徒，就逃不了沉重的稅負。

穆罕默德則宣稱「只要改信伊斯蘭教就免繳人頭稅」，所以深受人頭稅壓榨的基督徒們便大舉投奔伊斯蘭教。

而伊斯蘭帝國對於征服領地的課稅政策也是非常寬鬆。

比方說，埃及本來要用金幣或銀幣來繳交土地稅，被伊斯蘭帝國征服之後，除了金幣銀幣，也可以用自己方便的實物（如穀物）來繳稅，而且伊斯蘭教徒只要家裡隨便放養兩三頭牲口，土地就免稅。

另一方面，領地內只有異教徒的商人要繳交人頭稅，伊斯蘭教徒與農民都免繳。在經濟不景氣之時，異教徒商人也免繳人頭稅。

以下是伊斯蘭帝國的課稅公告：

「去到他們的地，不要沒收他們的財產。若土地稅收不夠，不要賣掉他們的家產。只向有餘的人收稅，若不聽從我的，神必要罰你。」

伊斯蘭帝國絕對不虧待任何改信伊斯蘭教的人，基督教徒和猶太教徒都屬於「有經人」（'Ahl al-Kitab），不需要強迫改信伊斯蘭教，但是其他「多神教徒」就必須強迫改信伊斯蘭教。

基督教徒和猶太教徒只要遵守「繳納人頭稅」、「不毆打伊斯蘭男教徒」、「不玷汙伊斯蘭女教徒」、「善待伊斯蘭教旅人」等戒律，就可以在伊斯蘭帝國自由生活。

而且基督教徒與猶太教徒所繳交的人頭稅，也遠比舊統治者時代少得多。

無論是不是伊斯蘭教徒，伊斯蘭帝國課的稅都遠少於過去的政權。

當伊斯蘭帝國從領地撤退，還會退回稅金。

西元六三六年，伊斯蘭帝國幾乎占領了整個巴勒斯坦，向猶太教徒與基督教徒課徵人頭稅，後來羅馬帝國派大軍搶回巴勒斯坦，伊斯蘭帝國只能撤退。當時伊斯蘭軍隊告訴巴勒斯坦人：「人頭稅是保護你們的報酬，現在我們無法保護你們，所以退還稅金。」而且眞的退還所有人頭稅。

當地的猶太教徒與基督教徒當然感激涕零，並且對於攻進城門的羅馬軍隊抱持敵意。

伊斯蘭帝國所向披靡，實是歸功於溫和的稅收政策。

然而穆罕默德死後，伊斯蘭帝國迅速分裂衰亡，也跟稅收政策有關。

穆罕默德之後的領導人對於稅收和財政都不太了解，而是交由各地的軍人與官員去收稅。

結果就發生了跟古埃及、古羅馬一樣的問題，地方權貴中飽私囊，中央政府阮囊羞澀。甚至還有地方官擅自提高人頭稅來增加稅收。

還有些伊斯蘭帝國領袖爲了解決稅捐不足的問題，而向改信伊斯蘭教的異教徒徵收人頭稅。

結果導致中央政府勢力衰退，伊斯蘭帝國失去向心力，而變成群雄割據。伊斯蘭帝國也因此四分五裂。

成吉思汗主張「彈性政經策略」

除了伊斯蘭世界之外，中世紀的經濟圈還有另外一股非歐洲的強大勢力，那就是蒙古帝國。

十三世紀初期，蒙古帝國突然從蒙古高原崛起。

他們率領強大的騎兵隊，瞬間席捲歐亞大陸，建立起橫跨中國、中亞、中東、東歐的巨大帝國。

蒙古帝國迅速擴張，當然是因爲戰鬥力強大。

蒙古高原的遊牧民族原本就驍勇善戰，馬術高超，集團強攻。中國歷代之所以建造萬里長城，就是爲了抵抗北方的游牧民族。

但是蒙古部落彼此分散，即便軍事力量強大，歷史上卻沒有造成太多威脅。

直到有個人統一了紛亂的部落、成立國家，正是知名的成吉思汗。

驍勇善戰的民族形成國家，當然戰無不勝、攻無不克。

蒙古帝國瞬間擊敗鄰近各國，不僅征服亞洲大陸，還奪下部分歐洲。

說到蒙古帝國，一般人可能大多認爲是一群善戰的野蠻人所組成的國家。此外，歐洲的史學家也多認爲蒙古西征只是一場「偶然的意外」。

蒙古帝國的制度其實非常先進，而且大大影響了世界的經濟與金融。

蒙古帝國政經體系的特色就是「彈性」。

蒙古民族清楚自己在行政與文化上確實落後中國、歐洲與伊斯蘭世界，所以並不會在占領的地方強推自己的文化，而是積極接受領地的文化。

結果，蒙古帝國成功匯集了各地的先進文化。

這對歐亞大陸帶來許多好處，使得文化交流突飛猛進。

蒙古帝國對於「土地」幾乎沒有任何留戀。蒙古人不怎麼農耕，也不會想開墾農地、經營農業。

所以，蒙古人占領了肥沃的土地之後並不會定居，領地居民只要朝貢繳稅就可以照常過日子。

蒙古帝國當然不可能光憑彈性政策來擴張勢力。他們在進攻時，只要碰到居民強烈反抗，就會殺個片甲不留，讓對方知道抵抗會有什麼下場。因此，許多國家聞風喪膽，還沒開打就向他們投降，而蒙古帝國對待投降的人民也相當寬大。

占領政策同樣很有彈性。

蒙古軍團盡量不在占領區駐軍，其占領的方式相當溫和，但如果居民膽敢傷害駐軍，揭竿起義，蒙古大軍就會前來血腥鎮壓。

蒙古帝國掀起「世界物流革命」！

幸好蒙古帝國對宗教毫無興趣。

當時，歐洲與中東地區的基督教勢力與伊斯蘭教勢力之間有相當激烈的衝突，蒙古帝國則完全沒有介入宗教衝突，也不鎮壓特定宗教。

所以蒙古帝國占領區的居民比較放心接受他們的支配。

西元一二三一年，蒙古帝國入侵並消滅了領土橫跨中亞與伊朗高原的伊斯蘭政權花剌子模國，從此之後，蒙古帝國大量採用伊斯蘭官員，努力吸收伊斯蘭文化。

經濟上也大舉重用伊斯蘭商人。

當時，中東的伊斯蘭商人會組成商會「斡魯脫克」（Ortogh），以進行大規模貿易。在蒙古帝國征服他們之後，也允許商會繼續活動。

而且蒙古王室還將握有的銀兩借給商會，相當於投資。斡魯脫克商會可以優先使用蒙古帝國打造的海陸交通設施，但是貿易獲利要回饋給蒙古王室。

蒙古帝國的第五代帝王忽必烈汗統一了國內的關稅。

原本貨品進出各地城市的海關都要繳關稅，但忽必烈汗規定貨品從此只要在出口城市繳一次關稅即可，而且稅率不高，只有百分之三．三。

以致在蒙古帝國時期，中國、歐洲、中東、東南亞這一大片地區都能夠自由的進行貿易，於是掀起了全球性的物流革命。

就是從蒙古帝國時期開始，歐洲與亞洲之間才有頻繁的貿易活動。

馬可波羅的《馬可波羅遊記》就是記錄蒙古帝國時期在歐亞大陸旅行的經過，馬可波羅是義大利商人後裔，曾經展開一場從熱那亞出發，歷經中東、中亞、東南亞乃至中國的浩瀚旅程。

就是因爲蒙古帝國維持了大範圍的治安穩定，商人往來自由，馬可波羅才能完成這項壯舉。

蒙古帝國採用先進的經濟政策，推動世界貿易，可惜只繁榮了一百年左右。蒙古政權式微的原因很多，其中最大的原因還是缺乏治國經驗。蒙古帝國擴張太快，很難花時間鞏固政權，所以成吉思汗、忽必烈汗這些偉大領導過世之後，國家立刻四分五裂，就像日本的豐臣家無法長久治世一樣。

蒙古的彈性經濟政策

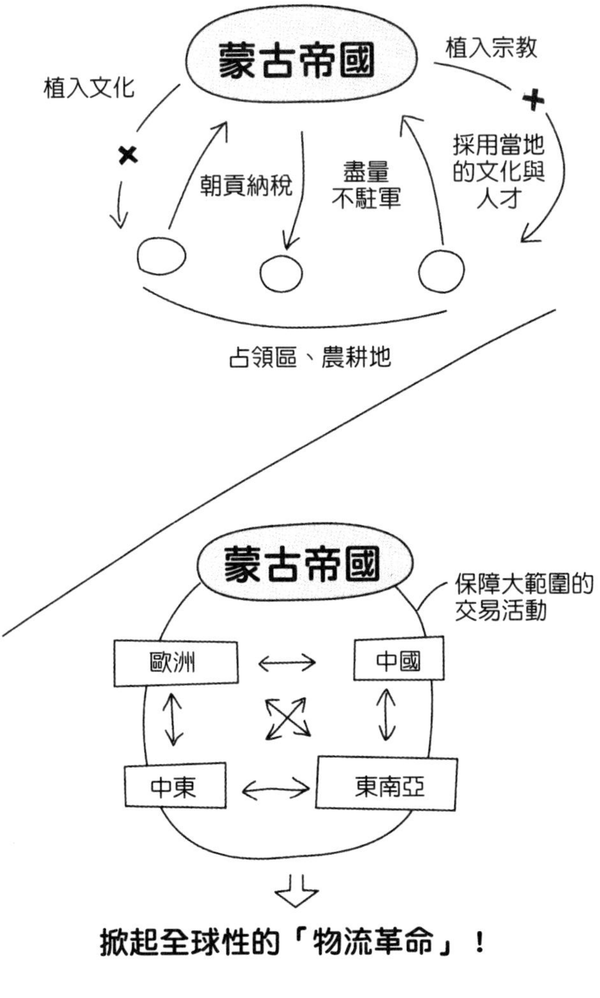
蒙古帝國
植入文化
植入宗教
朝貢納稅
盡量
不駐軍
採用當地
的文化與
人才
占領區、農耕地
蒙古帝國
保障大範圍的
交易活動
歐洲
中國
中東
東南亞
掀起全球性的「物流革命」！

經濟大國鄂圖曼土耳其

蒙古帝國式微之後，又換成伊斯蘭世界掌控世界經濟。

伊斯蘭世界曾經分裂式微，在穆罕默德死後六百年，才又出現一個繼承伊斯蘭特質的大帝國。

也就是鄂圖曼土耳其。

鄂圖曼土耳其的起源，是一二九九年土耳其附近的一個權貴鄂圖曼，在十四世紀到十五世紀中葉之間迅速擴張領土，一四五三年攻陷東羅馬帝國首都君士坦丁堡，完全消滅羅馬帝國。

東羅馬帝國是羅馬帝國的後裔，也是基督教世界的核心，所以它的滅亡嚴重打擊了基督教世界。

之後，鄂圖曼土耳其進軍巴爾幹半島，在十六世紀初征服了埃及的馬木留克王朝。

全盛期的鄂圖曼土耳其，領土涵蓋東歐（現在的烏克蘭）、阿拉伯、西亞、西非等地，現在的中東地區，曾經全都屬於鄂圖曼土耳其帝國。

鄂圖曼土耳其帝國延續了六百年以上，直到二十世紀才結束，是伊斯蘭繁榮的象徵。

現在的世界史都是以西歐觀點來撰寫，所以史書並不怎麼提及鄂圖曼土耳其帝國。然而，**鄂圖曼土耳其實大大影響了中世紀到近代的世界，可說是當時全球的經濟中心。**

就連西歐的大航海時代都不能忽略鄂圖曼土耳其。西歐各國之所以冒險出海，其實是因爲鄂圖曼土耳其掌控了地中海。要想跟亞洲貿易，就只好另闢新的貿易路線。

鄂圖曼土耳其兵強馬壯，一直對基督教世界虎視眈眈，而強大的軍力也打造出強大的經濟力。

能夠順利收取全國稅金的優良制度

鄂圖曼土耳其繁榮的主因之一，在於優秀的稅收制度。

雖然尚未完備，但該國已大致確立了「中央集權制度」。

當時，中世紀的西歐各國幾乎都還是「封建制度」。

封建制度就是「國家在名義上由國王統治，但各地的貴族與仕紳才擁有實際支配權，國王只是指揮各地諸侯。」不僅西歐，當時世界上幾乎所有地區都是採用封建制度。

就像日本的武士年代，將軍在名義上有統領權，但是各地領土還是由大名、武士等諸侯來統治。

國王實際上能支配的國土只有一小部分，所以中世紀的西歐國王通常阮囊羞澀，還有很多國王倒債破產。

不過，鄂圖曼土耳其沒有這種問題，中央政府基本上持有全國的課稅權。

鄂圖曼土耳其大約有三十個省，省分又分爲兩種。

一種是提馬制（Tima），由帝國派遣的官員進行課稅與行政，帝國三十二個省裡面有二十三個屬於提馬制。

另一種是薩亞尼制（Salyane），相當於「自治省」，由帝國政府派遣總督並駐軍，行政制度由當地自行決定，並且定時上繳稅金給中央政府。有九個省屬於薩亞尼制。

鄂圖曼土耳其的強盛，必須要歸功於這個中央集權制。

因爲穩固的中央集權制度，政府得以具備強大的軍力，可以向全國課稅；豐厚的稅金又能強化軍備，維持軍力。

根據鄂圖曼土耳其的軍餉紀錄，一六〇九年有三萬八千名步兵，兩萬名騎兵，一千五百名砲兵，七百名砲車兵，其餘兵種六千名，共六萬六千兩百人的常備軍，而且是不斷接受作戰訓練的職業軍隊。

當時西歐各國並沒有強大的常備軍，幾乎所有士兵都是開戰了才受徵召，所以雙方輸贏相當明顯。

自一四五三年起，鄂圖曼土耳其憑著如此先進的制度掌控地中海與中東的大片土地，直到第一次世界大戰戰敗爲止，期間長達四百五十年之久。

掌握安全又划算的貿易路線！

鄂圖曼土耳其不僅幅員廣闊，還懂得掌握貿易要衝，所以才能強盛。

當時東西方的貿易有兩條，一條是從中國行經中亞抵達歐洲的陸路（也就是絲路），另一條是從東南亞行經麻六甲海峽抵達波斯灣的海路。當然還有其他貿易路線，但是就屬這兩條最安全，又最划算。

而這兩條路線的中央車站，就是鄂圖曼土耳其的首都君士坦丁堡。

君士坦丁堡成爲世界貿易中心，匯聚了各地的貨品，像是俄羅斯的貂皮與琥珀、烏克蘭的穀物、歐洲的銀、中國的瓷器、東南亞的香料等等。

鄂圖曼土耳其不僅掌握地中海，還掌控了黑海。

以當時的交通技術來看，歐洲各國想跟亞洲做生意，必然要經過鄂圖曼土耳其，所以鄂圖曼土耳其掌控了歐亞之間的一切貿易。

這個時期的伊斯蘭商人大大影響了後世的全球經濟。

其中影響最大的就是阿拉伯數字。

歐洲當時用的還是羅馬數字，但是以羅馬數字標示大的數字時，會有一大堆「X」和「I」，容易搞錯，所以用羅馬數字記帳會碰到瓶頸。

隨著伊斯蘭商人推廣阿拉伯數字，中世紀的義大利商人開始以之記帳，三兩下便傳遍了全歐洲。

目前會計所使用的「複式簿記」制度（Double-Entry Bookkeeping System），也是伊斯蘭商人的發明。

所謂的複式簿記制度，包含了兩項會計紀錄：一項「損益表」，記錄銷售額與支出費用；一項「資產負債表」，記錄資產與負債。經營人可以從「本期收支」與「本期資產增減」這兩個面向來分析營運紀錄，也就能更精準地掌握會計內容。

其實複式簿記法的由來眾說紛紜，最常見的說法還是由伊斯蘭商人建立基礎，再由北義大利商人傳遍歐洲。

Chapter 4

第四章

世界落入西班牙與葡萄牙手中

中世紀之前的歐洲都是「經濟落後國家」

從世界經濟的觀點來看，中世紀之前的歐洲簡直是窮鄉僻壤。

當時全球經濟的主角是中國與伊斯蘭世界。

中國是文化上極爲先進的超級強國，伊斯蘭世界掌控地中海，是世界經濟的大動脈，中國與伊斯蘭世界在亞洲、非洲、歐洲頻繁貿易，盛極一時。

英國經濟學家安格斯．麥迪遜（Angus Madison）的研究指出，從西元四〇〇年到一〇〇〇年之間的中國人均GDP，比西歐國家高出百分之三十。

當時的歐洲是經濟落後國家，只能追著中國和伊斯蘭世界的車尾燈跑。

歐洲國家一直到大航海時代開幕，才在世界經濟圈中崛起。

大航海時代的西班牙與葡萄牙競相航向遠洋，發現美洲大陸，並開拓不需要經過地中海卽可抵達亞洲的非洲航線。

西歐國家在大航海時代裡掌握了世界經濟。

爲什麼他們要在這個時候挑戰大航海？

主因是西歐國家在中世紀相當衰敗。

當時地中海地區出現了強大的伊斯蘭國家，也就是上一章提到的鄂圖曼土耳其帝國。

對歐洲各國來說，鄂圖曼土耳其就像喉嚨裡的魚刺。

歐洲國家無論要與亞洲貿易，或是要與非洲貿易，都被鄂圖曼土耳其掐著脖子，無法自由活動。

當時，歐洲人非常渴望亞洲產的香料。

香料是讓西歐料理技術突飛猛進的魔法食材，尤其烹調肉類有了香料，口味更是千變萬化。香腸火腿之類的加工肉品也少不了香料，甚至有人認爲香料是可以治百病的健康食品，所以從王公貴族到平民百姓都迫切渴望香料。

想取得這些香料必須經過鄂圖曼土耳其，但是鄂圖曼土耳其與西歐各國長期處於敵對狀態，所以香料價格也居高不下。

當時的情況甚至是「一公克胡椒值一公克白銀」。

然而，西歐各國還沒有能力攻破鄂圖曼土耳其，於是開始探索能繞過鄂圖曼土耳其的貿易路線。

這就是大航海時代的開始。

「航海狂」亨利王子的經濟功績

大航海時代的先驅國家是葡萄牙。

中世紀的葡萄牙在亞洲相當活躍，也曾經與戰國時代的日本有貿易關係，但這個國家其實很小。

葡萄牙位於伊比利半島西部，從地圖上看起來就像西班牙的一部分，事實上也差不多，因爲當時的葡萄牙就是卡斯提亞王國（Reino de Castilla，即西班牙聯邦的核心王國）的一部分。

但是當時的葡萄牙領主阿方索一世驅逐了敵對的伊斯蘭勢力，聲勢逐漸壯大，一一四三年在羅馬教宗裁定之下脫離卡斯提亞王國，獨立成爲葡萄牙。

葡萄牙在中世紀歐洲算是個新玩家，但是國力迅速壯大，一二四九年完全平定國內的伊斯蘭勢力，西班牙（卡斯提亞王國）則是晚了二百四十三年才辦到。

一三一七年，葡萄牙從義大利熱那亞（當時世界上數一數二的先進城市）招聘提督，成立正規海軍。

葡萄牙剛從西班牙獨立出來的時候，兩國關係相當惡劣，陸地國界又完全被西班牙包圍，陸路貿易非常不自由，所以急速發展海上貿易。

葡萄牙的第一個目標，就是大海另一邊的非洲。

一四一五年，葡萄牙攻陷了直布羅陀海峽對面的修達（Ceuta），當時修達是伊斯蘭海盜的據點。

當時的伊斯蘭世界還是以鄂圖曼土耳其爲權力中心，西歐各國不斷受到伊斯蘭勢力攻擊。葡萄牙在此時攻陷修達，可說士氣大振。

葡萄牙也就抓緊時機，正式進軍海洋。

亨利王子是讓葡萄牙航海技術突飛猛進的大功臣。

亨利王子是葡萄牙獨立之父若昂一世的三子，但是沒能繼位爲王，所以名號是王子。亨利王子熱中航海，聘請了全歐洲的航海、天文、地理、造船專家，所以有人稱呼亨利是「亨利航海王子」。

當時葡萄牙研發出各種航海技術，例如有三支桅杆配上三角大帆的五十噸級大帆船「卡拉維爾」號。

亨利王子贊助航海探險，開拓出非洲航線。

一四四四年，葡萄牙來到非洲西南方的國家塞內加爾。

當時的歐洲人對於非洲內陸一片陌生，甚至有迷信認爲「人不可靠近那兒」，就是亨利王子打破了這項迷信。

葡萄牙將非洲轉變爲殖民地，大量取得非洲南部的黃金，國力迅速壯大。

這件事情刺激了西班牙，於是也進軍海洋。

從此，西歐國家就搶著在非洲建立殖民地。

大航海時代之星——西班牙的崛起

大航海時代的領頭羊除了葡萄牙，就是西班牙。

西班牙得天獨厚，地理條件與風土民情都很適合航海。

西班牙位於歐洲大陸最西邊，緊鄰非洲大陸，左右面對大西洋與地中海，自然成爲東西貿易的要衝。

而且境內礦產豐富，土壤肥沃適合農作。

因此，從古羅馬時代開始，西班牙就一直是個富庶的地方（當時爲羅馬帝國的行省，稱作伊斯班尼亞〔Hispania〕）。當地盛產金、銀、銅、鉛、小麥、橄欖、葡萄酒，文化興盛，作家、宗教家、哲學家輩出，完全不輸羅馬本國。當時西班牙第一大城梅里達（Mérida，現在是埃斯特雷馬杜拉自治區的首府）在幅員遼闊的古羅馬帝國中，規模排名第九，號稱「小羅馬」。

西班牙固然得天獨厚，但直到十五世紀中葉才形成目前的西班牙國。

西班牙的基督教勢力直到十五世紀才驅逐了境內的伊斯蘭勢力，當時的兩大王國卡斯提亞與阿拉貢在一四六九年聯姻合併，聯姻對象是阿拉貢王國的費南德王子和卡斯提亞王國的伊莎貝爾公主。

兩人的二女兒法娜更嫁到哈布斯堡家族，生下的兒子成爲神聖羅馬帝國的皇帝查理一世。

總之，西班牙王室在歐洲的勢力相當大，並在接下來的大航海時代中成爲閃亮的主角。

羅馬教皇諭令「要西班牙與葡萄牙征服世界」

大航海時代從十五世紀末葉開始進入高峰期。

一四八八年，葡萄牙的巴托羅穆．迪亞士（Bartolomeu Dias）抵達非洲南部的好望角，一四九八年達．伽馬（Vasco da Gama）繞過非洲，開拓了印度航線。

西歐各國也接連挑戰開拓新航線。

西班牙在開拓非洲航線上落後葡萄牙，於是贊助哥倫布開拓印度航線。哥倫布想開拓的印度航線，是穿越大西洋抵達地球另一端的亞洲，因爲當時的印度與印尼都是重要的香料產地。

所以，哥倫布一開始的目的並非發現美洲。

哥倫布航行到美洲大陸附近的群島時，以爲這裡就是印度，所以命名爲「西印度群島」。而這裡當然不是印度，而是美洲新大陸，哥倫布雖然沒能開拓印度航線，卻發現了新大陸。

西班牙於是成爲第一個進軍美洲大陸的國家。

哥倫布剛發現美洲大陸的時候，西班牙在美洲簡直所向披靡。

這時候葡萄牙又出來了。

葡萄牙在大航海時代的勢力相當壯大，看到西班牙獨占美洲，自然不是滋味。所以葡萄牙遊說羅馬教宗，在一四九四年諭令「由西班牙與葡萄牙兩國各統治一半的美洲大陸」，這正是西班牙與葡萄牙之間簽訂的《托爾德西里亞斯條約》（**Treaty of Tordesillas**）。

羅馬教宗亞歷山大六世根據這項條約，宣布在歐洲之外的所有領土，都由西班牙與葡萄牙平分，平分界線是西經四十六度三十六分。因此在形式上不僅瓜分了非洲大陸，更可說是分割了整個地球。要是按照這項條約，當時的日本也要被切成兩塊。

此舉看在美洲大陸的原住民眼裡，恐怕非常可笑。

羅馬教宗一句話就擅自分割了人家的土地，實在不配當個神職人員，但當時的基督教徒以推廣基督教爲第一要務，完全不認爲有何不妥。

爲什麼新大陸會掀起「金融革命」？

一五四五年，西班牙在南美祕魯的殖民地發現了波托西銀礦[4]。

南美洲從此盛產黃金與白銀。

西班牙塞維亞商務局負責管理從美洲大陸運回歐洲的金銀，紀錄指出在一五〇三年到一六六〇年的一百五十年之內，就有一百六十萬噸的白銀被送到西班牙，相當於當時全歐洲白銀庫存的三倍。

西班牙還從美洲大陸運了十八萬噸的黃金回國，相當於全歐洲黃金庫存的五分之一。

這些大量輸入的金銀大大影響了歐洲的金融與經濟。

歐洲從此開始鑄造大量的金幣與銀幣，促進國際物流，也導致物價上升。

當歐洲掀起金融革命的時候，南美洲原住民卻遭受毀滅性打擊。西班牙為了推廣美洲殖民政策，採取了所謂的監護徵賦制度（Encomienda）[5]。簡單來說，這個制度讓西班牙人到了美洲，必須讓當地原住民改信基督教，同時有權在當地課稅。說白了就是以「基督教傳教」的名義去剝削美洲原住民。

因此，前往美洲的西班牙人都打著「傳教」的名號燒殺擄掠，波托西銀礦也是強逼原住民奴隸前往開採。結果，一四九二年起算的兩百年內，南美洲原住民死了九成。

4 編注：波托西位在今日的玻利維亞境內，是當時世界儲量第一的銀礦。

5 編注：這是一種依賴體系，由武力強大的人保護弱小的人，以換取他們的服務。在這個制度下，西班牙王室授予個人一定數量的印第安人並要求對這些印第安人負責。得到授予的人必須保護自己管轄的印第安人，並且傳授西班牙語和天主教信仰，同時也可以要求印第安人為他們勞動。

黑奴幾乎都是被黑人賣掉

大航海時代的副產物就是「黑奴交易」。

黑奴交易可以說是歐美國家的「黑歷史」。

從十六世紀到近代之間，歐美國家靠著黑奴貿易賺飽了口袋，虐待黑奴來經營農場，發展經濟。

實際上，黑奴大部分不是西歐國家以武力強捉而來的，而是黑人們把自己的同胞當作奴隸賣掉的。

十六世紀主要購買黑奴的國家是西班牙。

西班牙在西印度群島等地栽種甘蔗，要想在熱帶環境辛苦工作，便少不了黑奴。

西班牙的黑奴都是向葡萄牙購買，葡萄牙則是向黑人部落「採購」黑奴。

當時非洲各國之間衝突不斷，而且黑人有個習俗，戰敗的部落會淪爲贏家的奴隸，葡萄牙就利用這點進行奴隸貿易。

其中最重要的黑人部落（國家）就是達荷美王國。

達荷美王國是黑人國家，面幾內亞灣，相當於目前的貝南地區。

葡萄牙向他們提供槍砲彈藥、金屬、布疋來交換奴隸，達荷美王國利用葡萄牙提供的武器征服鄰近的黑人部落，並將輸家當成奴隸賣給葡萄牙，擴張勢力。

所以非洲的黑人部落被葡萄牙人欺騙利用，走上滅亡與奴化的道路。

除了黑人之外，世界各地的奴隸貿易歷史相當悠久，直到近代才式微。伊斯蘭世界的鄂圖曼土耳其帝國，就是奴隸貿易大國，日本戰國時代在南蠻貿易過程中，也出口日本奴隸，一直到豐臣秀吉禁了天主教才停止。

黑人身強體壯，比其他種族更適合勞動，西班牙的農場主人都搶著買黑奴，結果黑奴就被大量「出口」到美洲大陸。

宗教政策如何傷害經濟

大航海時代前半段的主角是西班牙。

西班牙在美洲大陸、中東、東南亞都有殖民地，遍布全球，曾經號稱「日不落國」，在十六世紀可說是超級強國。

西班牙強盛的象徵就是「無敵艦隊」。

當時西班牙有強大的海軍，靠著武力建立大量殖民地，征服四海。一五七一年的雷龐多海戰中，西班牙擊潰基督教的宿敵鄂圖曼土耳其，成爲名副其實的「無敵艦隊」。

然而，強大的西班牙到了十七世紀卻開始衰敗，強大的無敵艦隊被英國海軍給擊退了。

到了十七世紀中葉，世界霸權落入英國手中。

西班牙衰敗的最大因素是財政問題。

大航海時代，西班牙從殖民地掠奪鉅額財富，卻還是隱藏著慢性的經濟危機，甚至多次倒債。

一五五六年即位的菲利普二世繼承了廣大的美洲殖民地，同時也背負驚人的債務。

菲利普三世更慘，即位時的負債已經高達歲收的八倍。

既然西班牙從美洲大陸掠奪來的財富足以掀起歐洲經濟革命，爲什麼財政還會惡化到此地步？

原因之一是戰爭。

西班牙不斷與英國、法國等歐洲國家打仗，又鄰近阿拉伯，也常與鄂圖曼土耳其發生衝突。

光是養一支無敵艦隊的經費就相當驚人。從一五七二年到一五七五年之間，爲維持無敵艦隊便花了一千萬達克特（中世紀歐洲貨幣），但是西班牙每年歲收只有五百萬到六百萬達克特。

而且西班牙的宗教政策也是讓經濟惡化的主因之一。

西班牙的國教是天主教，不允許新教或其他教派存在，結果就與新教主導的英國、法國發生衝突。

十六世紀末葉，西班牙的一部分獨立成爲荷蘭，也是因爲宗教因素。當時的荷蘭是全世界最富庶的地區，荷蘭上繳的稅成了西班牙的財政支柱。

但是荷蘭人大多信奉新教，對西班牙政府相當不滿，一五六八年終於忍無可忍而引爆了獨立戰爭。這場戰爭號稱「八十年戰爭」，直到一六四八年才結束。不過，荷蘭在一五八〇年已可說是實質獨立了。

西班牙還在一四九二年頒布了「猶太教徒驅逐令」。

趕走擅長金融的猶太人，此舉嚴重打擊了西班牙的財政，因為猶太人的貿易與金融人脈網遍布全球，少了猶太人當然是西班牙經濟的一大損失。

無敵艦隊是被「消費稅」擊沉？

西班牙為了拯救財政，選擇了最糟糕的課稅制度。

也就是沉重的「消費稅」。

西班牙的消費稅制度是參考中世紀伊斯蘭世界的制度，而消費稅也成了大航海時代西班牙的經濟支柱。

即使在現代，消費稅還是會傷害經濟景氣。當時西班牙課徵的消費稅更是慘不忍睹。

目前世界各國的消費稅幾乎都是隨商品徵收，而不是隨交易次數徵收，所以只有購買最終商品的人繳一次消費稅就好。

但是當時西班牙的消費稅不是隨商品課稅，而是每次交易都要課稅，製造商賣給批發商要課稅，批發商賣給零售商要課稅，零售商賣給消費者還是要課稅。一項商品經手愈多次，稅金就愈高，而這些成本自然會反映在商品價格上。

國王當然喜歡這種增加稅收的制度，但是一項商品被課了這麼重的稅，物價也會飆升，而景氣隨之衰退。

大航海時代的西班牙物價飛漲，一般史學家認爲要歸咎於從美洲大陸運來的大量白銀，但是西班牙的物價早在開採銀礦之前就已經上漲，所以筆者認爲西班牙物價飆漲的主因在於其消費稅制度。

一旦物價飆漲，商品就比其他國家昂貴，出口屈居劣勢，外國的便宜貨則大量進口。

結果造成西班牙的國際貿易嚴重逆差。

從南美波托西銀礦運來的大量白銀，一抵達西班牙南部的加的斯港就直接送往歐洲各地，根本不會經過西班牙政府，因爲這些白銀都要用來平衡貿易逆差，償還國王債務。

西班牙的國際貿易逆差，財政惡化，嚴重影響了海運業。

十六世紀末葉，西班牙的商船隊是英國與法國的兩倍，也就是無敵艦隊的基礎。但是到了十七世紀，船隻數量驟減百分之七十五以上，西班牙港口裡幾乎都是外國商船，西班牙的造船業也成了風中殘燭。

當時大多數的海軍船艦在平時是商船，戰時才作戰艦用。因此海運業衰退，也就代表海軍勢力衰退。

衰退的西班牙海運業造成國家財政惡化，貿易嚴重逆差，最終毀了無敵艦隊。

Chapter 5

第五章

伊莉莎白女王靠海盜與奴隸貿易致富

奢侈的約翰國王向國民賠罪——《英國大憲章》

英國曾經在全世界都有殖民地，而且是第一個工業革命國家，對世界近代史造成深遠的影響。目前英文是世界通用語言，也證明了英國是近代史的霸主。

爲何英國會成爲世界霸主？

理由很多，如果要我從中選一個最重要的，那就是《英國大憲章》（Magna Carter）。

《英國大憲章》是一二一五年英國約翰國王對國民的承諾，內容包括「國王不會擅自決定稅率」，以及「國王不會以不合法的手段處罰人民，或侵犯人民財產」等。

約翰國王生性好戰，經常與法國開戰，而且屢戰屢敗。每次打仗都要徵收軍費，使得英國的平民與貴族皆苦不堪言，要求國王退位，約翰國王才答應民衆「再也不會擅自徵稅」。

英國就是有了這部大憲章，才演變出不同於其他歐洲國家的經濟財政史。

雖說英國國王不能像其他國王一樣擅自決定課稅，但其實歐洲其他國王也不能胡亂課稅，只是英國國王受到的限制特別嚴格。

中世紀的歐洲烽火連天，每個國家都煩惱稅收不足，英國也不例外，但是英國很難靠增稅來填補軍費。

所以英國必須以其他方法來改善國家財務。

結果英國國王所採用的方法，便是打造出一個強大的大英帝國。

一種做法是「發展產業」。

另一種做法則是「從他國手裡搶來」。

中世紀到近代之間，英國在「發展產業」和「從他國手裡搶來」這兩方面特別狂熱。

英國爲了「金錢」而脫離羅馬教廷

「英國因掠奪而偉大」。

這個說法對英國來說似乎有些過分。

但是觀察英國中世紀之後的歷史，你不得不點頭。

英國的第一次大掠奪，對象是教會。

十六世紀上半葉，亨利八世在位的時候，英國就脫離了羅馬教廷，並且將英國境內所有的教廷財產都收歸國有。

「亨利八世因爲跟西班牙的凱薩琳公主離婚，而被羅馬教宗驅逐，於是亨利八世便宣布英國教會脫離羅馬教廷。」

這是國高中課本裡的世界史觀。

但是從錢的角度來看，亨利八世被逐出教會並非單純的離婚問題，而是與當時英國的財政問題有關。

簡單來說，亨利八世很可能是故意讓自己被逐出教會，斷絕羅馬教廷與英國的關係，並趁機搶走羅馬教廷的收入。

當時的基督教徒必須奉獻「十一捐」，也就是將自己收入的十分之一捐給教會（目前仍舊以各種形式的捐獻延續下來。）。

亨利八世在位的時候，英國的基督教徒也要繳交「十一捐」，等於是英國繳給羅馬教宗的錢。

但是亨利八世正爲了稅收不足而煩惱，於是盯上了「十一捐」。

其實當亨利八世向羅馬教宗要求與凱薩琳公主離婚的時候，他與教宗的關係就已經相當惡劣，因爲他早就拒絕向羅馬教廷繳交「十一捐」。在這樣的前提之下，羅馬教宗當然不會輕易答應亨利八世的要求，結果離婚不獲准，亨利八世被逐出教會。

這下可稱了亨利八世的意。

亨利八世趁機宣布英國教會脫離羅馬教廷，並在一五三四年通過《最高治權法案》（Act of Supremacy），宣稱自己是英國教會的最高領導人。

從此，英國教會的財產便全部納入亨利八世的手中，十一捐也進了國庫。

伊莉莎白女王是海盜的「金主」

讓英國國力突飛猛進的人，是亨利八世的女兒伊莉莎白女王。

史學家認爲，伊莉莎白女王打下了大英帝國繁榮的根基。

伊莉莎白女王在位的英國，把「掠奪」發揮得淋漓盡致。其掠奪內容簡單來說就是「海盜」和「奴隸貿易」。

在伊莉莎白女王時期，英國境內歌舞昇平。當時的英國可說是處於史上稅率最低的時期，因爲有其他方法可塡補稅收之不足，也就是海盜。

大英帝國靠著海盜和奴隸貿易來促進經濟繁榮。

這算是英國的黑歷史，不好大聲張揚，但是只要觀察西歐的經濟史，英國勢力抬頭絕對撇不開海盜和奴隸貿易兩大因素。

根據歷史記載，英國以國家規模進行海盜行爲，就是從伊莉莎白女王開始。

現代人可能很難相信伊莉莎白女王靠海盜賺了多少錢。

在伊莉莎白女王卽位之前，英國是個向德國出口毛料的貿易國。

但是當哥倫布開拓了美洲航線，西班牙在美洲發現波托西銀礦，大量生產的白銀改變了歐洲的經濟趨勢，尤其德國原本是產銀國，國力自然嚴重衰退。

在當時，貿易所得對歐洲各國的重要性遠高於現在。

因爲當時國家稅收的基礎在於關稅和獨占貿易，如果國家無法順利進行貿易，等於重創國庫（王室）。

所以伊莉莎白女王使了一招苦肉計，就是海盜。

但是伊莉莎白女王並沒有親自成立海盜團。

她拉攏了現有的海盜來用，就好像織田信長重用海盜九鬼家族一樣。

伊莉莎白女王重用的海盜則是法蘭西斯．德瑞克（Francis Drake）。

麥哲倫是第一個繞世界一周的航海家，德瑞克則是第二個，而且還曾經擊敗西班牙無敵艦隊的海軍提督。他本來只是個普通海盜，但是被伊莉莎白女王相中，參與國家級的海盜專案，之後才當上海軍提督。

伊莉莎白女王當然沒有光明正大的鼓勵海盜。她在表面上還是宣稱海盜不合法，但私底下卻大力贊助海盜。

就好像她一方面贊助德瑞克的海上掠奪，另一方面也說「如果我國與西班牙的國際關係惡化，就會拋棄你」。

海盜出海一趟可以搶得「一年半的國家稅收」！

一五八七年四月，伊莉莎白女王主導的「海盜行」由德瑞克率團出發。德瑞克率領多達二十艘海盜船的大隊，其中五艘是由伊莉莎白女王提供的王室船艦，簡直就是艦隊等級。這支艦隊開始攻擊西班牙的民間商船。

第一個攻擊目標是西班牙南部的加的斯港。加的斯港停靠許多西班牙商船，德瑞克艦隊沒有掛上英國國旗，以降低西班牙的戒心，若無其事地進港之後就發動攻擊。西班牙商船束手無策，被德瑞克艦隊搶走了大批的葡萄酒、橄欖油、餅乾、武器等珍貴商品。德瑞克艦隊的船員甚至登陸破壞天主教堂，四處縱火，可見英國洗劫西班牙還有宗教戰爭的成分。

德瑞克艦隊繼續出海搶劫，兩個月之後抵達大西洋的亞速群島，洗劫西班牙國王的船艦「聖菲利浦號」，當時聖菲利浦號正好從東南亞返航，船上滿是金銀、絲絹和香料。

德瑞克這趟海盜行為英國搶來大約六十萬英鎊，而伊莉莎白女王就分到三十萬英鎊（引自《創造世界史的海盜》，竹田いさみ著，筑摩新書）。

當時英國一年的國家預算只有二十萬英鎊左右，所以德瑞克出海一趟，伊莉莎白女王就拿到一年半的國家預算，並用這筆錢還清了所有外債，剩下的錢則用來投資地中海獨家貿易公司——黎凡特公司（Levant Company）。

國家海盜專案——交易內容

但當時可不只有英國搞海盜，那時候國際航線上的海盜幾乎是公開的祕密，每個國家多少都出了些海盜。

十六世紀中葉，英吉利海峽大約有四百艘海盜船橫行，除了英國海盜之外，還有不少法國海盜，經常攻擊西班牙和猶太人的商船，搶劫貨品。

只是英國以國家專案來贊助海盜。

當時英國不把海盜稱作海盜，而是「私掠船」。

私掠船就是國家批准可以掠奪敵國船隻的海盜船，英國把海盜船變成國家批准的私掠船，條件是搶來的貨物有五分之一要上繳國庫。

可見英國是以國家力量來扶植海盜。

災情慘重的西班牙當然不斷向英國抗議，伊莉莎白女王表面上都有在聽，但實際上完全不阻止海盜行爲。

當時的英國與西班牙關係相當複雜。

中世紀歐洲的王室經常跨國聯姻，整個歐洲都是遠親，名義上是「家和萬事興」，但是各國國王互相角力，一旦事態嚴重起來，手足相殘也在所不惜。

西班牙與英國之間除了「國家紛爭」之外，還有另外一個衝突。

那就是「天主教與新教的衝突」。

西班牙王室是死忠的天主教，並自詡爲天主教的堡壘。英國則是以新教爲主，伊莉莎白女王本身就是新教徒，國內施政偏向新教風格，只是沒有特別迫害國內的天主教徒。

這些問題讓西班牙與英國表面上相親相愛，檯面下對彼此恨之入骨。

英國與法國的新教海盜經常攻擊西班牙的天主教商船，伊莉莎白女王就利用了這點。

例如一五六八年發生過這樣的事情。

英國的奴隸貿易船隊在海上碰到颶風，被迫停靠在墨西哥灣的烏魯阿聖胡安島（San Juan de Ulua）。

當時這裡是西班牙殖民地，英國船隊要進港必須取得西班牙當局同意，西班牙殖民地當局也確實批准了英國船隊進港。沒想到港口裡的西班牙船隊突然攻擊英國船隊，燒殺擄掠，被害船隻也包括了伊莉莎白女王名下的王室船艦。

此外在一五八八年，西班牙的無敵艦隊攻擊英國，也是報復英國的海盜行爲。

奴隸貿易的龐大「收入」

接下來談英國的另外一個掠奪項目：奴隸貿易。

英國應該是從十六世紀中葉開始進行奴隸貿易，也就是一五六〇年代開始。英國議會在一八〇七年才廢止奴隸貿易，所以奴隸貿易史長達兩百五十年。英國的奴隸貿易一開始只是地下交易。

之前也說過，第一個大量使用黑奴種植甘蔗的國家是西班牙。

而最早進軍非洲的葡萄牙與西班牙簽了合約，由葡萄牙獨家提供黑奴，葡萄牙與西班牙都是天主教國家，奴隸產品有特殊性，不會與其他國家做奴隸交易。西班牙人購買奴隸要課進口稅，所以沒有交易權的商家要加入這個市場非常困難。但是英國卻打進了奴隸貿易市場。

英國剛開始是靠海盜搶劫葡萄牙的奴隸船，把這些奴隸用低於「葡萄牙市場行情」的價格賣給西班牙，等於是在女王撐腰的狀況下，靠著海盜間接進行奴隸貿易。

英國的奴隸貿易領頭羊，就是德瑞克船長的師傅霍金斯。

一五三二年，霍金斯生於英國大貿易商之家，霍金斯家族在非洲、葡萄牙等地都有走私管道，所以霍金斯一長大就參與了非洲的走私活動。

一五六二年，他進行了第一趟奴隸貿易航程。

他在非洲蒐集了將近三百名奴隸，前往西印度群島的聖多明哥（西班牙殖民地），以躲避暴風雨爲藉口向西班牙當局申請進港。進港之後他希望能賣掉船上的奴隸，好籌措糧食飲水的費用，所以聖多明哥的西班牙官員破例准了他在當地販賣奴隸。

霍金斯靠著這筆奴隸生意賺進大把銀兩。

英國的「掠奪行為」

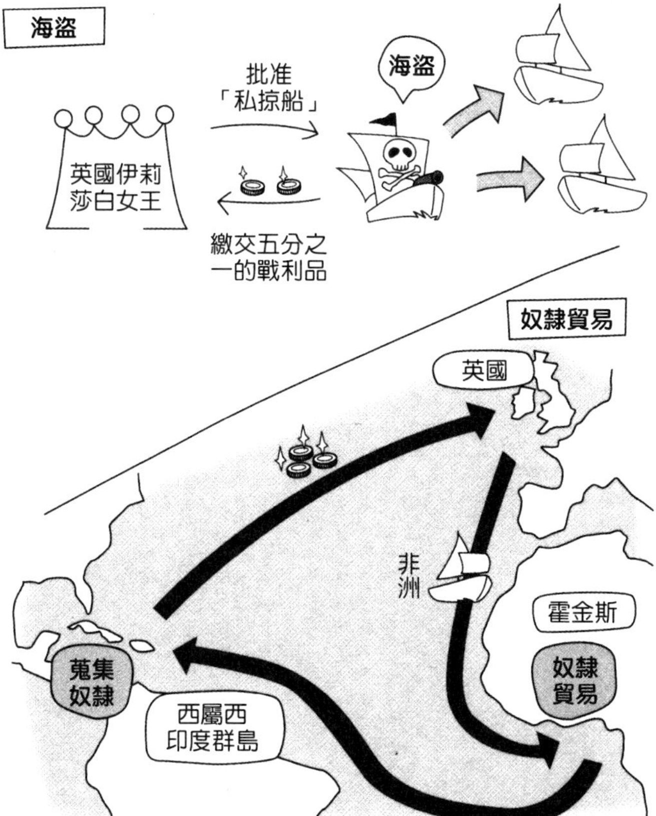
海盜
批准
「私掠船」
海盜
英國伊莉
莎白女王
繳交五分之
一的戰利品
奴隸貿易
英國
非
洲
霍金斯
奴隸
貿易
蒐集
奴隸
西屬西
印度群島

西班牙皇室收到了霍金斯這件事情的報告，對伊莉莎白女王表達嚴正抗議，但是伊莉莎白女王聽了這件事之後，不僅沒有警告霍金斯，還成爲第二趟奴隸貿易的金主之一。

一五六〇年代之間，光是歷史紀錄就有四趟海盜奴隸交易。

葡萄牙不斷向伊莉莎白女王發起抗議，但是伊莉莎白女王充耳不聞。

英國的奴隸貿易出口港就是後來出了知名合唱團「披頭四」的利物浦。利物浦位在大西洋岸，離倫敦又近，最適合做國際貿易。今日的利物浦還留有許多漂亮的建築物，稱作「奴隸殿堂」。

英國剛開始是私下進行奴隸貿易，到了十八世紀則成爲正式交易。

一七〇一年發生了長達十二年的西班牙王位繼承戰爭，英國藉此贏得正式的奴隸貿易權。

西班牙王位繼承戰爭就是決定由誰來繼承西班牙王位的戰爭，英國、法國、西班牙、葡萄牙、荷蘭等歐洲主要國家幾乎都有參戰。

這場戰爭最後由英國、荷蘭等國的聯軍取得優勢，最終宣布停戰並簽定和平條約

《烏德勒支和約》（Treaties of Utrecht），而英國從中取得各種好處。

根據這項和約，英國取得直布羅陀、梅諾卡島（Menorca），以及北美的紐芬蘭、哈德遜灣以及阿卡迪亞，還可以獨家販賣奴隸至當時由西班牙統治的中南美洲殖民地，從此英國便「光明正大」地幹起奴隸買賣。

Chapter 6

第六章

無敵的拿破崙打輸了「金融戰爭」

中世紀歐洲各國的國王總是爲錢所苦

中世紀歐洲國家採「君主專制」制度，所以一般人會以爲國王有至高無上的權力，國家財政隨心所欲。

但實際上並非如此。

中世紀歐洲的國王們，財務狀況都非常脆弱。

中世紀歐洲各國的領土並不全部歸屬國王所有，而是分封給貴族與諸侯，國王只是名義上統領各地，本身直屬的領地並不大。

而且貴族與諸侯不需要繳稅，國王只能靠直屬領地的稅收和關稅來賺錢。

同時中世紀歐洲的國王們又很愛打仗，有時候開戰了會另外課稅，但這就引發貴族與諸侯的反彈，想課稅也課不了多少。戰爭費用大多數由國王負擔，所以國王的財務總是火燒屁股。

當時歐洲各國的國王都是向各地商人借錢應急。

西班牙的菲利普二世，曾經在一五五七年和一五七五年兩度宣告破產，但是宣告破產不代表身無分文，而是告訴各地商人「我還不出錢了」。

這就是現代所謂的「倒債」。

倒債讓當時西班牙境內荷蘭區安特衛普的商人損失慘重。

國王本身當然也很受傷。

無論古代或現代，倒債最大的問題就是下次很難再借到錢。會倒債的人或國家，都是債臺高築的人，如果欠了錢還借不到錢，財務就會更加惡化，財務不良又借不到錢，就得拿資產去抵押變現。

即使是國王也不例外。

知名的法國大革命就和國王倒債有很大的關聯性。

國王「倒債」招致法國大革命

法國繼承了羅馬帝國的色彩，是從中世紀開始崛起的歐洲大國。

法國也採用君主專制制度，所以路易十四時代的法國是國王說了算的國家。

但是法國大革命瞬間推翻了王室。

法國大革命的主因在於王室財務困難，也就是倒債。

法國歷代國王和其他歐洲國王一樣經常倒債，所以法國大革命前夕，對國民課徵了沉重的土地稅。

這項土地稅同時有財產稅的特色，出現在英法百年戰爭（一三三七至一四五三年間）時期。原本是戰爭期間的特別稅，但是戰爭結束後並沒有廢除，反而成了法國的主要財源。

妙的是貴族、神職人員、官員都不用繳土地稅。

所以免稅的貴族們愈來愈富有，被課稅的平民則愈來愈貧困，據說**當時法國的貴族只占人口的百分之三，卻掌握了全國百分之九十的財富**。

而且當時法國的課稅員相當腐敗。

前面已經提過羅馬帝國等赫赫有名的大國，都曾經因爲外包的課稅員貪汙而造成財政惡化，法國的波旁王朝也是一樣。

於是法國的財務狀況達到火燒屁股的境界。

再加上不斷倒債，國王已經無法借到任何錢。

當時的法國跟其他歐洲國家一樣經常打仗，成了財務吃緊的主因。

法國革命時期的國王路易十六就是債臺高築，前一任國王的七年戰爭與當代的非洲獨立戰爭，讓法國欠下將近三十億鎊[6]。

法國的信用不佳，借錢利率高達百分之五至百分之六，每年光繳利息就要兩億鎊，而當時法國一年的稅收只有兩億六千萬鎊左右，意即大半稅收都拿去繳利息了。而當時英國成立了英格蘭銀行，國債的利率是百分之三。

路易十六爲了重整國家財政，一七七七年聘請瑞士銀行家雅克．內克爾（**Jacques Necker**）爲財務大臣。

6 編注：法國自中世紀以來即使用「鎊」作爲通用貨幣。在一七九〇年代（即法國大革命前後），一鎊的價值僅剩下一二六六年時的十八分之一。

路易十六肯定很希望能淸償國家的債務。

瑞士是法國的重要債主，內克爾在瑞士金融圈的人面很廣，找他當財務大臣，就好像快破產的公司聘銀行主管當董事，希望銀行網開一面。

沒想到內克爾卻成了法國大革命的導火線。

民衆看到國王的「財政收支」就氣炸了！

內克爾爲了重整國家財政，決定先改革外包課稅員的制度。

當時的課稅員要先借錢給國家以換取課稅權，國家缺錢缺得緊，所以課稅員向民衆課稅之前，必須先把等額的稅金借給國家，才能換到「課稅權」。

課稅員當然要很有錢才能借錢給國家，而且當上課稅員就能自由行使國家課稅權，賺錢更爲容易。

因此，外包課稅員制度就是「富人獲得課稅特權而變得更富，民衆則變得更窮」的惡性循環。

內克爾拿外包課稅員制度開刀，禁止課稅員借錢給國家，並且嚴格監察課稅行爲，嚴禁貪汙。

此舉造成法國貴族與權貴人士的強烈反彈，因爲他們是外包課稅員制度的既得利益者。於是他們開始散發文宣來攻擊內克爾，該文宣就像一本薄薄的小手冊，幾乎是人手一份。

再加上內克爾是新教徒，在天主教主政的法國要抹黑起來更容易。

「瑞士的富裕銀行家要來掠奪法國人的錢。」

當時巴黎的大街小巷都是這樣的文宣。

內克爾則採取了強硬手段來對抗抹黑，也就是**公布法國的國家財政收支**。

這是世界史上頭一遭。

在內克爾之前，所有國家的財政狀況都是不能說的祕密，絕對不會公諸於世，直到現代各國才肯公開財政收支。

這是內克爾用來證明自己清白的苦肉計，但公布出來的國家收支卻嚇壞了法國市民。

國家年度稅收兩億六千萬鎊，其中王室支出高達兩千五百萬鎊，但是當時國民的每人平均年所得只有一百鎊左右，兩千五百萬簡直是天文數字。

由於當時法國的農作收成欠佳，民眾過得苦不堪言，而內克爾公布的財政數字完全證明了王室的浪費，王室便遭到猛烈攻擊。

不過，內克爾倒是因爲公布了國家收支，而獲得國民的堅定支持。

「敢公布這麼具體的數字，一定是個清白的人。」

「他一定有改革的決心。」

這就是法國民眾的評價。

內克爾公布財政數字之後，路易十六遭到強烈攻擊，在一七八一年罷黜了內克爾，但是內克爾有強大的民意後盾，一七八八年遂被復聘爲財務大臣。隔年，路易十六又罷黜了內克爾，引發巴黎民眾的群情激憤，揭竿起義。

這就是法國大革命。

國家財政的魔法棒——徵兵制

法國大革命時期出現了一位席捲全歐洲的超級巨星，也就是拿破崙。

拿破崙之所以強大，也是因爲經濟因素。

他讓當時的法國成爲第一個實施「徵兵制」的國家。

徵兵制就好像國家財政的魔法棒。

當時歐洲各國的軍隊基本上都是由「傭兵」所組成，也就是用錢請士兵來成軍，這當然要花很多錢，所以軍隊一直都是歐洲王室最大隻的「米蟲」。

但是徵兵制找士兵不用花錢，當然也不是眞的不用錢，只是比傭兵便宜很多，所以實施徵兵制就能維持前所未有的大軍團。

拿破崙最強的一點，就是讓法國首先採用徵兵制。

法國大革命時期，法國便成了歐洲各國的眼中釘。

當時的歐洲各國雖然打來打去，幾乎所有王室都有親戚關係，所以都堅守君主專制。

法國推翻了君主專制，給周圍的歐洲國家造成威脅，深怕革命風潮延燒到自己身上，所以歐洲各國聯合起來要打擊法國大革命。

而法國為了抵抗歐洲各國的干涉，便率先施行徵兵制。

拿破崙在一七九三年頒布《全民動員法》（Levée en masse），規定十八至二十五歲的男性都必須當兵，並於一七九八年頒布正式的徵兵制度。

拿破崙有了徵兵制，可以用低廉成本養大批軍隊，便率領這批大軍橫掃鄰近各國。

拿破崙敗在「資金匱乏」

拿破崙以徵兵制建立大軍，在歐洲所向披靡，最後卻因為資金匱乏而敗戰。

徵兵制大大降低建軍成本，但是不斷揮軍前往各地，必然要消耗大量軍備與糧食，所以經費還是很高。

可惜拿破崙並沒有籌措這些軍費的本事。

大家都說拿破崙是軍事天才，但是他在財政上完全是個大外行。

拿破崙在一八〇六年把占領的荷蘭變成荷蘭王國，當時的阿姆斯特丹是世界金融重鎮，匯集了世界各地的資金。

如果拿破崙能好好利用這筆資金，根本不需要爲錢所苦。但是拿破崙卻強力鎮壓阿姆斯特丹的銀行家，讓當地銀行家大舉逃往倫敦，結果世界金融重鎮就從阿姆斯特丹轉爲倫敦。

當時的法國無法向外國借錢，因爲革命之前的王朝老是倒債，信用破產。拿破崙便向占領國索取賠償來支付軍費，但還是不夠用。最後拿破崙只好將法國在北美的殖民地賣給剛獨立的美國政府，賺了一千五百萬美元。當時賣的殖民地包括現在的路易斯安那州、愛荷華州、德州等十五個州，相當於美國領土的百分之二十三。

此外，他在一八〇五年重新開徵法國大革命時期廢掉的鹽稅。

鹽稅，意卽只有國家可以賣鹽的制度，也是法國王政時期的主要財源，但是課稅會讓鹽的價格飛漲，民衆苦不堪言。法國大革命成功之後便廢除鹽稅，拿破崙卻窮到不得不重新開徵鹽稅。

因爲拿破崙已經籌不到軍費了。

而拿破崙最大的死對頭英國，由於採用先進的稅制與國債制度，軍費充裕許多（詳情後述）。

從經濟觀點來看，拿破崙是輸得應該。

Chapter 7

第七章

「英國紳士」的「黑心勾當」

英國人的拿手好戲——事業組織化

英國人非常擅長把一項生意組織化，進而促成大英帝國的繁榮。就連海盜，英國都可以用國家專案來經營。

探險家每一趟出海都是一筆生意，先召集金主，準備船隻、船員與補給，成功歸來之後把收益分配給金主。

這種探險事業稱爲「探險商人公司」，第一家探險商人公司成立於亨利四世時期，一四〇七年。

海盜船長德瑞克每次出海，也都是一筆單獨的生意。

一六〇〇年，英國領先西歐各國成立了「東印度公司」，一般人比較熟悉荷屬東印度公司，但是英屬東印度公司比荷屬東印度公司早了兩年問世。

東印度公司就是國家政策支持下的貿易公司，獨占東印度地區（整個東南亞）的貿易權。

事實上，這家國家貿易公司的金主幾乎都是民間商人，國家只是特許東印度的獨家貿易權，並收取利潤，等於現在的半官股公司。

一般說法是，股份有限公司的始祖是荷屬東印度公司，但荷屬東印度公司的範本則是英屬東印度公司。

荷屬東印度公司明確表示金主的「有限責任」，所以成爲股份有限公司的始祖。在此之前，西歐也出現過公司型態的商業體，但荷屬東印度公司率先明定金主只要負擔出資額度的風險（意即就算事業失敗，金主的虧損也不會超過出資額度），這就是有限責任。英屬東印度公司對這點規定不夠明確，所以沒能成爲「股份有限公司之祖」。

英國在東印度公司之前還創立了其他類似的公司。

一五五五年成立了負責俄羅斯貿易的莫斯科公司，一五九二年成立了負責地中海貿易的東方公司，這些公司和東印度公司一樣，都是由民間商人出資，女王授權獨家買賣。

沒有「資本力量」就無法實現工業革命！

大英帝國掀起了世界第一波工業革命，這是大英帝國繁榮的主因之一。為什麼大英帝國可以掀起工業革命？

眾所周知，工業革命的關鍵字就是「蒸汽機」，人類發明蒸汽機而促進各種產業的自動化，這就是工業革命的本質。英國是全球第一個運用蒸汽機的國家，才實現了工業革命。

但蒸汽機可不是英國人突發奇想就做出來了。

我們在課本上學到英國人詹姆士．瓦特（James Watt）發明了蒸汽機，其實不對，瓦特是第一個把蒸汽機械實用化的人。

早在西元一世紀，亞歷山大城的學者希羅（Heron）就提出了蒸汽機的原理，還有記錄證實他發明了以蒸汽轉動圓球的機器，稱作「風動球」（Aeolipile）。

知名的李奧納多．達文西也曾經想過發明蒸汽炮。

歐洲各地從十七世紀開始就不斷嘗試將蒸汽機械實用化，一六〇六年，義大利的波塔（Livio Dante Porta）在著作中發表以蒸汽原理汲水的幫浦；一六一五年，法國工程師寇（Salomon de Caus）完成了蒸汽噴水器的半成品；一六二九年，義大利的布蘭卡（Giovanni Branca）提出了蒸汽渦輪研磨機。

也就是說，十七世紀的歐洲科學家、發明家都致力於蒸汽動力的實用化，直到十八世紀才成功實現，那就是英國湯瑪斯・紐科門（Thomas Newcomen）發明的蒸汽幫浦。

當時英國各地的礦坑都很需要汲水幫浦，因爲礦坑挖下去經常會滲水，抽水可是非常辛苦的工作。

紐科門受託發明了蒸氣幫浦，雖然燃料用得凶，效率又不好，但是可以自動抽水，所以歐洲各地廣泛使用。

後來瓦特從紐科門的蒸汽汲水幫浦獲得靈感，發明了蒸汽機，瓦特的蒸汽機不僅可以作爲幫浦，還可以用來製造車輛與船艦。

於是全歐洲競相研發以蒸汽機製造車輛與船艦。

第一個發明蒸汽船的人，是英國的威廉・希明頓（William Symington）。

在希明頓之前，當然有其他人挑戰製造蒸汽船，但希明頓打造了第一艘可以實際航行的蒸汽船。

希明頓獲得英國愛丁堡銀行家派翠克．米勒，以及福斯與克萊德運河（Forth and Clyde Canal）公司老闆亨利．丹德斯的支持，發明了蒸汽船「夏綠蒂．丹德斯號」。

夏綠蒂．丹德斯號蒸汽船逆著風，在福斯與克萊德運河上拖著兩艘七十噸的貨船，航行了十九．五英里。由於一般帆船無法逆風直行，這可以說是船艦史上的壯舉。歷史記載夏綠蒂．丹德斯號當了三四個月的拖船，完全沒有故障。但是後來遭到運河公司和船東抗議，被迫停航，因爲人類總是抗拒接受新事物。

觀察蒸汽機的發明過程，可以發現英國不是突然出現一個天才發明家發明了蒸汽機，而是全歐洲都搶著打造蒸汽機，由英國率先成功。

英國之所以率先成功，是因爲資本底子比其他國家硬。

爲什麼英國的資本底子夠硬？

最大主因是十七世紀末推動的「財政改革」。

大英帝國席捲世界的幕後功臣是英格蘭銀行？

工業革命剛發生的時候，英國已經擁有美洲、印度等世界各地的殖民地，以及海上的霸權，就因爲英國是經濟大國，經濟實力堅強，才能掀起工業革命。

爲什麼英國會奪得海上霸權？

直接原因是光榮革命時期（Glorious Revolution）進行的財政大改革。

前面提過《英國大憲章》規定英國國王不准隨便課稅，但是伊莉莎白女王之後的英國國王可不一定乖乖照辦，畢竟歐洲烽火連天，軍費再多都不夠用，所以英國也經常增稅，或是成立新的稅目。

於是英國國民再次爲了稅金起義。

從一六四一年的清教徒革命到一六八八年的光榮革命爲止，英國處於一個大革命時代。

光榮革命規定了「課稅權屬於議會」，對國王權力的限制比大憲章更強，英國從此進入完全由議會主政的「君主立憲制度」，也就是英國沿用至今的制度。

這次英國大革命其實是經濟財政的大革命。

這場經濟大革命就是將大英帝國變成經濟大國的原動力。

經濟大革命的兩大指標是「建立國債制度」以及「成立英格蘭銀行」。

一六九二年，英國制定了國債相關法律。

嚴格來說，這是人類史上最早的國債。

以往國王是到處借錢，但英國第一次發行正式的國家債券。

再過兩年之後，英國成立了英格蘭銀行。

英格蘭銀行就是英國的中央銀行，負責發行英國國債，並藉此獲得貨幣發行權。

說明白些，就是政府以百分之八的利率發行國債，英格蘭銀行買下國債之後發行貨幣，貸款給民眾與商家。

簡言之，就是政府用百分之八的利率向英格蘭銀行貸款，英格蘭銀行則可以自己發行貨幣，對一般民眾進行融資。

以現今的水平來說，百分之八的利率非常高，但是當時歐洲國王向民間銀行借錢，實質利率都在百分之二十到三十之間，這麼高的利率實在折煞了歐洲各國的國王與政府。

國家借錢只要百分之八的利率，在當時可說是破天荒的低廉，而且英格蘭銀行購買國債的利率還不斷降低，到了十八世紀中葉只剩百分之三左右。英國借錢的利率遠低於其他競爭國家，代表資本相對雄厚，在籌措軍費和產業發展上有絕對的優勢。

英格蘭銀行不僅幫助了英國政府，也大大扶植了民間企業，當時英國充斥著民間銀行，其中很多家銀行的風險相當高，融資利率也高。自從英格蘭銀行出現之後，民眾就可以安心存放自己的財產，企業家也可以享有低利率籌措資金。

大英帝國最後贏得殖民地競賽，掀起工業革命，都與成立英格蘭銀行密不可分。英格蘭銀行就是日後世界各國中央銀行的範本。

英格蘭銀行的組成

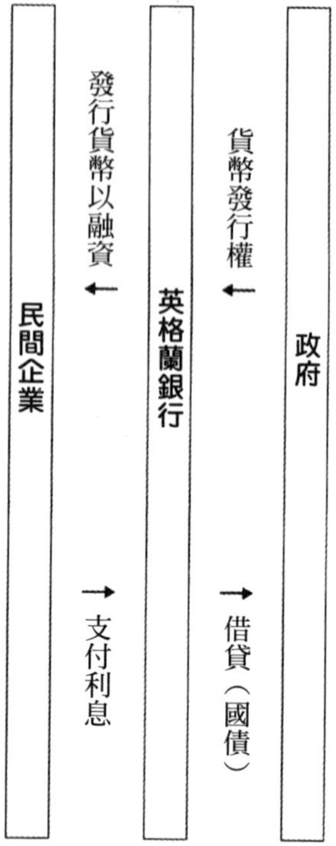

英國商人狡詐的殖民地政策

英國改革了國內的經濟財政制度，搖身一變成爲經濟大國，同時也在國外展開陰險毒辣的經濟活動。

英國的奴隸貿易一直持續到十九世紀中葉，並開始侵略印度等亞洲國家。

英國以武力攻擊西班牙、葡萄牙、荷蘭等國在世界各地的殖民地，取而代之成爲世界經濟霸主，在殖民地掠奪資源與農作物，進行全球貿易，匯聚了全世界的財富。

這就是帝國主義的起源。

英國的殖民地政策極爲狡詐。

英國本身人口並不多，爲什麼能在非洲、中東、亞洲、美洲等地管理廣大的殖民地？

簡單來說，英國人就是煽動殖民地的民族衝突，以減少被殖民者對英國的抗拒，如此一來便可以用很少的人數支配殖民地。

比方說英國在印度，就利用了伊斯蘭教與印度教之間的衝突。

印度是世界四大文明之一、也就是印度文化的發祥地，自古就信仰印度教，地理位置處於歐洲與中國之間，長年衝突不斷，掌權人一個換過一個，還曾經被伊斯蘭的蒙兀兒帝國統治，所以國內有很多伊斯蘭教徒。

印度教徒和伊斯蘭教徒基本上並沒有嚴重衝突，**兩個教派之間也沒有對立的理由。**

但是英國爲了統治印度，想踢開蒙兀兒帝國這塊絆腳石，就故意禮遇印度教徒，晉用較多的印度教徒擔任官員、醫師、律師，讓印度教徒成爲社會的菁英階級，伊斯蘭教徒看了當然眼紅。

從此伊斯蘭教徒與印度教徒衝突不斷，英國就利用這些衝突順利統治印度，而且這些衝突日後還大大影響了印度脫離英國獨立的經過。

甘地推動脫英獨立運動的時候，希望印度能帶著巴基斯坦一起形成一個完整的國家，可惜他的心願沒能實現。英國從印度撤退的時候，印度與巴基斯坦發生嚴重衝突，結果印度教徒窩在印度，伊斯蘭教徒窩在巴基斯坦，分裂爲兩個國家。

這兩個國家至今水火不容，殖民地時代連通兩國的鐵路，至今仍被封鎖。而且兩國還有軍事衝突，彼此都有核子武器，實在有夠危險。

而這些衝突都肇因於英國的殖民地政策。

緬甸是所有英國殖民地中最悲慘的一個，英國支配緬甸的時候，英國人地位最高，其次是跟著英國進入緬甸的中國人和印度人，其次是克倫族等少數民族，緬甸人反而地位最低。少數民族擔任警察、郵局職員等基層官員，負責監控緬甸人。

這麼一來，緬甸人與少數民族之間當然結下樑子。在緬甸獨立之後，緬甸的少數民族仍持續遭到迫害。

斯里蘭卡也一樣，斯里蘭卡是個多民族國家，包括僧伽羅人（七八％）、泰米爾人（一八％）與摩爾人等等。

斯里蘭卡自十六世紀起淪爲歐洲殖民地，在十九世紀初轉由英國統治，在英國統治之前，僧伽羅人和泰米爾人的住處傳統上互相分離，但是英國廢除了這個傳統，將整個島變成統一地區。

英國重用人口占少數的泰米爾人擔任高官，來統治人口占多數的僧伽羅人，並讓泰米爾人優先接受教育，所以泰米爾人在政治與經濟上都更有地位，僧伽羅人則大多是貧苦的農民。

一九四八年，斯里蘭卡脫離英國殖民，改由多數民族僧伽羅人擔任政治核心，結果僧伽羅人像是要報仇雪恨一樣，大大禮遇僧伽羅人，造成斯里蘭卡在二次大戰之後發生漫長的民族內戰。

除了英國之外，歐洲各國也都採取這種狡猾的殖民地政策。

近年來亞洲、非洲等地發生許多內戰，大多是受到歐美國家殖民政策的影響。十八世紀到二十世紀之間的帝國主義鼎盛期，就是建立在蹂躪殖民地的政策之上。

鴉片戰爭是爲了「消除英國的貿易逆差」

英國在帝國主義時期最邪惡的暴行，就屬鴉片戰爭了。

爲什麼會發生鴉片戰爭呢？

英國人有喝紅茶的習慣，但是紅茶起源於中國，在十九世紀末葉之前，英國茶葉幾乎都是從中國進口。

英國人的飲食與「茶」密不可分，進口數量龐大，雖然英國向中國進口了大量茶葉，卻幾乎沒有東西可以出口到中國。當時中國的機械技術與軍事力量雖然不如歐美，但經濟卻富庶豐饒，幾乎沒有什麼非得向英國進口不可的東西。

英國很不喜歡對中貿易的龐大逆差，這代表有大量銀兩流向中國，所以英國就想到出口鴉片。

英屬東印度公司在印度生產鴉片，然後賣給中國，賺到的錢再向中國買茶葉，形成「邪惡三角貿易」。

英國可不只是隨便賣一批鴉片給中國，而是在鬧區開設鴉片館，聘當地的年輕女子接客，搞得像高級俱樂部，想讓中國人都迷上鴉片。

這種做殺頭生意的膽子實在令人目瞪口呆。

中國當然不希望有人在國內賣鴉片，所以清朝政府禁止鴉片進口，還在廣東港口沒收了走私的鴉片。

英國得知這件事情，便派遣艦隊前往北京附近的天津港與清朝開戰，結果清朝一敗塗地，一八四二年投降並將香港租借給英國九十九年，還開放廣東、上海等五個港口。

英國並沒有公開強迫中國進口鴉片，但是清朝政府實際上被迫進口鴉片。

自從鴉片戰爭以來，中國局勢混亂，一八五一年發生全國性的「太平天國之亂」，英國就帶著法國、美國等國家趁機介入，一八五四年，上海的海關納入聯軍管轄，上海成爲半殖民地（租界）。

一八五六年，英國籍的亞羅號輪船在中國發生糾紛，英國趁機與法國組成英法聯軍進攻中國，一八六〇年將香港對岸的部分九龍半島也納入租界。

可見大英帝國的繁榮背後都是這些黑歷史。

爲什麼美國人喝咖啡？

北美十三州曾經是英國殖民地，之所以對英國發動獨立戰爭，都是因爲稅金的關係。

一七五六年起，英國對法國和俄羅斯發動了「七年戰爭」，這讓英國財政嚴重惡化。同時間，在北美洲也發生一場七年戰爭（即英法北美戰爭〔French and Indian War〕），英軍與法軍在北美交戰，各自拉攏印第安人助陣，所以印地安人也牽扯其中。

這對英國來說是保衛北美殖民地的戰爭，因此認爲北美殖民地要負擔軍費。

北美殖民地除了關稅之外幾乎不用繳任何稅金，就連關稅都可以靠走私來逃漏稅，所以英國在一七六五年頒布了「印花法」向北美殖民地課稅。所謂印花法，就是規定報紙、文宣等所有印刷品都要貼上印花，有印花就要繳稅，但是北美殖民地的民眾幾乎都不願意遵守。

北美殖民地民眾認爲「沒有民意代表就不該繳稅」，殖民地在英國議會裡面沒有代表，沒有表決權。沒有權力爲何要盡義務呢？

但是英國認爲殖民地必須負擔駐軍的軍費，才能保護殖民地安全。所以英國換了一招來向北美殖民地課稅。

當時北美殖民地大量走私茶葉，雖然進口了許多茶葉，英國政府卻課不到多少關稅。

英國政府的做法就是給國營的東印度公司一項特權：賣茶葉給北美殖民地可以免關稅。因爲當時東印度公司有大量庫存茶葉，才想獨家賣給北美來消化庫存。

強硬課稅發生糾紛

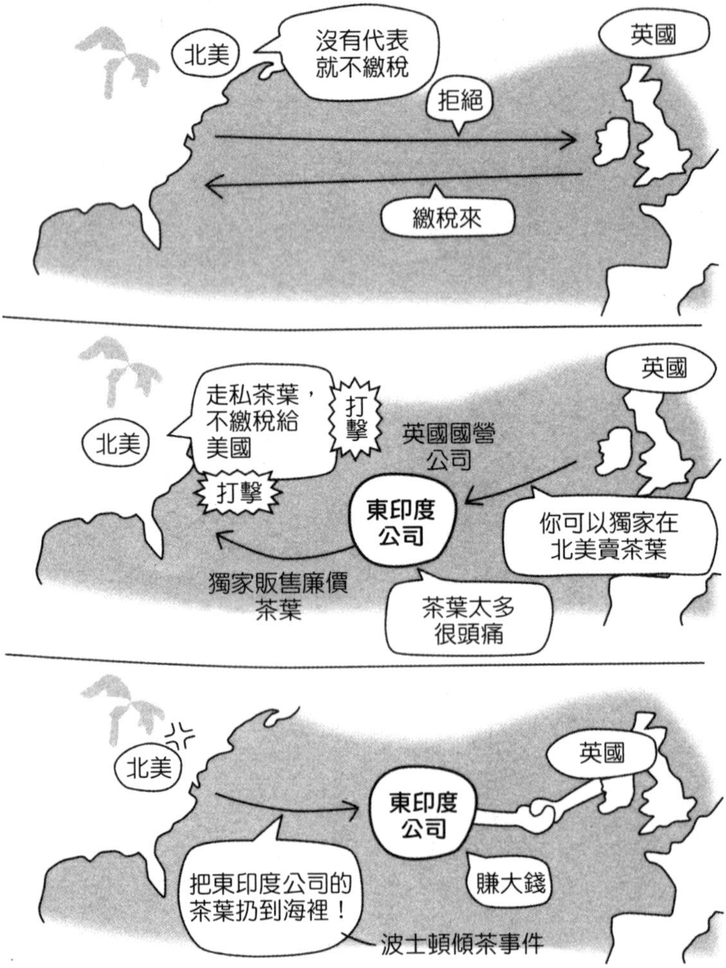
北美
沒有代表
就不繳稅
英國
拒絕
繳稅來
英國
走私茶葉，
不繳稅給
美國
打擊
北美
英國國營
公司
打擊
東印度
公司
你可以獨家在
北美賣茶葉
獨家販售廉價
茶葉
茶葉太多
很頭痛
北美
英國
東印度
公司
賺大錢
把東印度公司的
茶葉扔到海裡！
波士頓傾茶事件

既然不用關稅，售價當然比走私茶要便宜，所以東印度公司大賺一筆，東印度公司有賺錢，也就間接讓北美殖民地繳了稅，同時扼殺了北美走私客的賺頭。

北美的走私業者對此怒不可遏，當時北美民眾認爲走私是天經地義的事情，從「沒有代表就不該繳稅」的理由來看，北美殖民地當然不該繳關稅，也就當然應該走私。

所以當時的北美走私客並不是地下組織，一般貿易商都在走私，居民也睜一隻眼閉一隻眼。

走私業者對於英國政府的政策大爲光火，於是前往波士頓，衝進東印度公司的運茶船，將茶葉全扔進海裡。這就是「波士頓傾茶事件」，日後激起了北美殖民地的獨立意識，引發獨立戰爭。

有趣的是，北美殖民地因爲茶葉吵個不停，最後就改喝咖啡，也就是說獨立運動的茶葉紛爭，讓美國盛行咖啡文化，而不是英國的茶文化。

美國「收購」自己的國土與資源

話說美國真是個神奇的國家。

美國在世界史之中算是個新興國家，建國才兩百多年，比起歐洲、亞洲、非洲各國都要年輕許多。

爲什麼一個兩百多歲的年輕國家，會成爲世界經濟霸主呢？

而且各位都知道美國原本是個殖民地，在目前世界上的先進國家之中，沒有一個曾經當過殖民地。

而且美國也不是歐洲的一部分。

我們經常說「歐美」，但是美國與歐洲相隔千里。此外，目前美洲大陸有五十幾個國家地區，但絕大多數都是開發中國家。

爲什麼美洲大陸上就只有美國鶴立雞群？

我們現在都認爲「美國是超級大國」「美國主導世界經濟」，美國的確就是這麼神奇。

要了解背後的答案，必須觀察美國獨特的歷史。

美國經濟力量最大的來源，就是廣大的國土與資源。

美國領土真的很大，是世界上面積第三大的國家。

這麼大的領土，又沒有俄羅斯那樣的凍土，往下挖總能挖出些什麼來。金銀銅鐵，石油鑽石……廣大領土就是美國最大的武器。

今天的美國幅員遼闊，但一開始並沒有這麼大，美國剛獨立的時候只有東岸十三個州。也就是麻塞諸塞州、新罕布夏州、羅德島州、康乃狄克州、紐約州、賓夕法尼亞州、紐澤西州、達拉威州、馬里蘭州、維吉尼亞州、北卡羅萊納州、南卡羅萊納州，以及喬治亞州。

現在的美國有五十個州。

剛獨立的時候，這十三個州的面積大約兩百萬平方公里，相當於目前的墨西哥。

如果美國一直只有這丁點領土，肯定不會變成超級強國，頂多是個中等國家。

但是美國獨立之後就採取激烈的擴張手段。

美國剛獨立的時候，美洲大陸可說是被西洋列強鯨吞蠶食，群雄割據。

當時北美地區的殖民勢力分布如下：英國掌控加拿大一帶，法國掌控路易斯安那州一帶，西班牙掌控墨西哥一帶。荷蘭也曾經在新阿姆斯特丹（即現在的紐約）殖民過，但是被英國趕走。

而西歐各國互相割據抗衡，給了美國可趁之機。因為**當時西歐各國已經無力經營殖民地了**。

經營殖民地其實沒那麼簡單。

殖民地的收益主要來自於以低價掠奪貴重物品、農作物，但是搶手的出口貨品沒那麼好找，經營農場又得花好長一段時間才能開始賺錢。

再加上殖民母國與原住民之間的衝突，必須花錢駐軍，所以很多殖民地折算下來都賺不到錢。

十九世紀的美洲大陸有很多殖民地都經營不善。

美國就大肆收購這些殖民地。

美國獨立二十年後（一八〇三年）就向法國買了路易斯安那州，面積兩百一十四萬平方公里，價格一千五百萬美元，相當於美國開國土地面積的兩倍。

一八一九年又向西班牙買了佛羅里達州。

增加「殖民地」不如擴張「連續的國土」

爲什麼美國這麼喜歡買殖民地？

因爲對美國來說，在美洲大陸獲得新的領土，就不再是殖民地，而是連續的「國土」。

也就是說經營這些土地不需要像西歐各國一樣投入大把金錢與時間，只要有國民入住就是國土。

所以美國花錢購買西歐各國不要的殖民地，國土愈大愈好，愈大的國土就能養愈多人民，國力也就愈強。

美國不僅向西歐買殖民地，還向印地安人買了俄亥俄州、印第安那州以及伊利諾州。

印地安人不懂怎麼做生意，所以買賣當然會吃虧，甚至可以說美國政府以花言巧語騙取了印地安人的土地。

美國政府向印地安人開出的價錢非常糟糕，一畝（約一千兩百坪）只肯出一分錢，相當於現在的新台幣四元左右。

印地安人當然不高興，但是美國政府以武力鎮壓，這就是西部片常見的「白人大戰印地安人」情節。由於印地安人討厭美國政府，便在一八一二年的英美戰爭中與仇敵英國結盟。

一八四五年，美國併吞了德克薩斯州。

這個過程相當曲折。

德州原本是墨西哥的領土，墨西哥於一八二一年脫離西班牙殖民而獨立建國，並鼓勵民眾前往開墾德州地區，不問國籍，結果沒有土地的美國人就蜂擁而至。

當時墨西哥只有一個條件，就是要改信天主教，這對美國人來說不痛不癢，所以前仆後繼地過來開墾。當時墨西哥的國教是天主教，美國人大多信新教，墨西哥才會要求開墾者要改信天主教，但是美國人根本不當一回事，照樣開墾，照樣信新教。

而且在一八三六年宣布德州從墨西哥獨立。[7]

這看在墨西哥眼裡，就是：我好心讓你們美國人來開墾，你們竟然恩將仇報？

所以墨西哥就派軍隊前往鎮壓。

但是墨西哥軍隊被德州第一任總統山姆．休士頓的德州軍團打敗，德州實質獨立，並要求將國土併入美利堅合衆國。

美國政府當然也很想要德州這塊土地，但如果併吞了德州就得跟墨西哥打仗，所以好一陣子都不敢動手免得惹事。但是「合併德州」的輿論勢力太強，所以美國政府在一八四五年派特使到墨西哥，提出一筆補償金希望能合併德州。

墨西哥拒絕接受，兩國立刻開戰，美軍攻進墨西哥，不到一年就攻陷了墨西哥城。

美國打贏了這場戰爭之後不僅獲得德州，還搶來加利福尼亞州與新墨西哥州，或者說是支付一千五百萬美元要求墨西哥割讓出來，所以美國境內才會有個「新墨西哥州」。

7 編注：德克薩斯原是墨西哥北部的一省，一八三六年獨立後稱爲「德克薩斯共和國」。

這時，美國的領土幾乎已經成形，而且比獨立當時大了四倍。

美國買了加州之後不久就發現金礦，引發一八四九年之後的淘金熱，當時前往加州淘金的人稱為「四十九人」（49ers），後來便成了美式足球隊的隊名。

總之，從運氣上來看，美國是個受到眷顧的國家。

買阿拉斯加是撿了便宜？

美國第四十九個州是阿拉斯加州。

這個州的面積是日本的四倍大，占美國總面積的百分之十五，是全美最大的一個州。

阿拉斯加是個「離島」。

觀察世界地圖，美國正上方是加拿大，加拿大左邊才是阿拉斯加，也就是說阿拉斯加在陸地上不與美國相鄰，從美國走陸路必須經過加拿大才能抵達阿拉斯加。

為什麼會有這麼大一塊陸上離島呢？

這就要提到十九世紀的俄羅斯。

阿拉斯加剛開始是歸俄羅斯帝國所有，一七九九年，俄羅斯帝國領先歐洲各國抵達阿拉斯加，宣稱統治權。

但是俄羅斯並沒有在阿拉斯加經營殖民地，只是向因紐特人買海豹和海狗的毛皮，結果因紐特人濫捕海豹海狗，產量大減，阿拉斯加的價值就降低了。

十九世紀的俄羅斯正在跟鄂圖曼土耳其打克里米亞戰爭，財務相當吃緊，所以打算賣掉阿拉斯加。

於是俄羅斯在一八六七年，以每平方公里五美元，共七百二十萬美元的價格把阿拉斯加賣給美國，這筆錢相當於美國年度稅收的一成。

一八六七年的七百二十萬美元，相當於現在的九千萬美元，也就是一百億日圓左右，不過是目前日本年度預算的八千分之一。如果現在阿拉斯加賣這個價錢，日本政府肯定二話不說就買了。

不過當時各界議論紛紛，質疑阿拉斯加到底值不值這個錢。

當時的阿拉斯加已經獵不到毛皮，而且天寒地凍無法務農，所以當時很多人都認爲美國買了個賠錢貨。甚至還揶揄當時的國務卿西華德（William Henry Seward），說這筆交易是「西華德的蠢事」（Seward's Folly）。

但是美國買下阿拉斯加不久，就發現了金礦。一發現金礦就有淘金熱，大約三萬個美國人移居阿拉斯加，後來又在一九五〇年發現油田，現在阿拉斯加成了美國最重要的天然資源寶庫。

只能說買阿拉斯加眞是賺翻了。

美國就這麼成爲經濟大國。

英國資本流入，促進美國經濟發展

美國成爲經濟大國的另外一個原因在於：幾乎沒什麼內戰。

美國史上最大的內戰是南北戰爭，除此之外幾乎沒有大規模內戰。

這在美洲大陸國家來說相當罕見，因爲其他美洲國家一脫離殖民統治就陷入無止境的內戰，很難建立穩定的政權，也是妨礙國家發展的主因。

但是美國在獨立戰爭中打敗英國之後，就建立起穩定長久的政權。

美國建國的時候大膽採用歐洲知識分子的理想國家制度，將國家權力一分爲三以避免獨裁（三權分立），並以選舉選出民意領袖（民主制度）。

此外，美國採用「聯邦制」，極度尊重各州自治權，政府管理很有彈性，所以建國過程比其他美洲國家更順利。

美國還吸引歐洲（尤其是英國）來投資。

英國原本是美國的「宗主國」，也是當時世界第一的金融大國、資本大國。**英國曾經稱霸七大洲，資本多到不行，而美國就是吸引了英國的資金才能順利發展。**

比方說，美國用來擴張領土的資金就來自英國。

美國向法國購買路易斯安那州的時候，就是把國債賣給英國的霸菱銀行（Barings Bank），藉此籌錢，所以買國債的投資人都是英國資本家。美國要買新墨西哥州的時候，也是請霸菱銀行購買自己的國債。

此外，美國迅速的在廣大國土上鋪設鐵路，促進經濟發展。若沒有英國投資也無法鋪設這麼多鐵路。

當時英國的金融市場發達，可以收購其他國家的國債，然後在市場上消化掉，所以倫敦才會變成全球金融中心。

美國則利用了倫敦的充裕資金來擴張國土、鋪設鐵路、發展產業。

打造華爾街的猶太人

美國不僅借用英國的財力，也靠自己的力量發展爲金融大國，主要功臣之一就是猶太人。猶太人擅長理財，凡是他們待過的城市都會變成金融重鎮。

猶太人待過阿姆斯特丹，也待過倫敦，兩地都成了全球金融中心，而猶太人從近代到現代最主要的聚集地，就是美國。

目前美國境內的猶太人，比以色列全國人口還要多五百萬，是全球最大的猶太人居住國，其中又以華爾街所在的紐約曼哈頓爲最多。甚至有人戲稱紐約應該改名爲「猶約」。

猶太人是從十七世紀開始住進紐約。

一四九二年哥倫布發現新大陸，同時不肯改信天主教的猶太人被西班牙驅逐出境。當時的西班牙非常熱中從伊斯蘭教徒手中收復領土，信奉異教的猶太人才會遭到牽連。

此外，在一四九七年，葡萄牙也驅逐了猶太人。

大多數被驅逐的猶太人定居在荷蘭的阿姆斯特丹。

當荷蘭前往世界各地殖民，猶太人也跟著前往中南美洲的巴西。

但是一六五四年葡萄牙再次占領巴西，猶太人便逃往當時北美洲由荷蘭統治的新阿姆斯特丹，也就是現在的紐約。當時逃往美國的猶太人大概只有二十來個，往後猶太人就不斷移入紐約。

一六六四年，新阿姆斯特丹[8]被英國占領，但英國人並沒有驅逐猶太人，所以猶

8 編注：新阿姆斯特丹是十七世紀荷蘭人在曼哈頓島南端所開闢的殖民聚落。一六六四年，占領該地的英國人將它改名爲紐約（New York），並且在一六六七年第二次英荷戰爭結束後，正式取得紐約的統治權。

太人建造了猶太教堂，形成猶太社群。

此外，十九世紀前葉的德國、十九世紀末葉的東歐也都有大量猶太人逃往美國。

目前紐約有兩成以上（約一百七十萬人）的人口是猶太人，比以色列的耶路撒冷和特拉維夫還多，成了全球最大的猶太人城市。

而各位也都清楚，目前紐約就是全球金融中心。

Chapter 8

第八章

推動世界經濟的「羅斯柴爾德家族」是何方神聖？

猶太鉅富「羅斯柴爾德家族」

如果要說猶太鉅富，一定會想到羅斯柴爾德家族。

羅斯柴爾德家族是近代歐洲史上鼎鼎有名的大財閥，目前在金融業、釀酒業、服飾業、百貨業等經濟領域依然有強大的影響力，即使對猶太人一無所知，也多少聽過羅斯柴爾德的大名。

要討論世界的財富，就少不了羅斯柴爾德。

本章要來介紹這個家族的興衰。

鉅富羅斯柴爾德家族的歷史，要從法國大革命前夕開始說起。

一七四四年，羅斯柴爾德家族的始祖梅耶（Mayer Amschel Rothschild）誕生於德國法蘭克福的葛特鎮。

他在德國漢諾瓦的銀行上班，學到了金融技術，便回到故鄉當起古幣商人。

當時的古幣收藏家不像現在這麼多，了不起就是有錢有閒的貴族和富商，所以梅耶幾乎是免費向民眾蒐集古幣，再轉售給貴族富商。

他自己做了古幣目錄寄給潛在客戶，有點像現在的郵購。皇天不負苦心人，他的生意愈做愈大，還認識許多知名的貴族和領主，於是他就以家族姓氏「羅斯柴爾德」開了一家行號。

羅斯柴爾德的事業繼承了宮廷猶太人的傳統。

他專門蒐集王公貴族喜歡的金銀珠寶，討大人物歡心，然後掌管大人物的財政，累積龐大財富，當時跟王公貴族交易是最有賺頭的買賣。

梅耶做得有聲有色，連普魯士王國（東德一帶）腓特烈國王的威廉王子都是他的客戶，威廉王子負責訓練國內的年輕人從軍，並到英國擔任傭兵，是歐洲數一數二的大富豪。

具備金融知識的梅耶，成功擔任威廉王子的財政舵手，當腓特烈國王死後，財產由威廉繼承，更擴大了梅耶的事業。

五個孩子打造了「世界網路」

威廉交給梅耶掌管的事業，是將英國交給威廉的支票兌換成現金。這個兌現可不像今日之便，我們隨便去銀行就能把大鈔換成小鈔。

當時歐洲各國買賣全世界的各種物資，但是沒有像美金或歐元這種通用貨幣。各國貨幣亂用一通，必須靠匯兌商交換各國貨幣，最終達成交易任務。

當時歐洲沒有現在的國際匯率，是由匯兌商自行決定匯率，所以必須分析各國情勢，否則不了解各國貨幣有多少消費力。羅斯柴爾德在這方面幹得很漂亮，他把五個兒子分別派駐在法蘭克福、倫敦、巴黎和維也納，互相合作、交換消息，順利執行困難的匯兌工作。

這就是典型的猶太生意手法：猶太人分散在世界各地，四海之內皆兄弟，這個資訊網就是賺錢利器。

後來梅耶不僅兌換英國支票，還把兌換的錢拿去買英國棉製品。英國棉製品運回德國境內販賣，可以賺到比匯兌多好幾倍的錢。

羅斯柴爾德家族拿著貿易和匯兌賺來的錢去投資，資產呈現倍數翻漲，也建立起了家族事業的基礎。

靠拿破崙戰爭「大賺一筆」！

十九世紀前葉，拿破崙旋風席捲了全歐洲。

自一八〇三年起，拿破崙開始征服歐洲的戰役，歐洲社會在此時發生重大變革，這也是羅斯柴爾德家族成爲全球主要資本家的時期。

拿破崙戰爭時期，德國被法國占領，羅斯柴爾德的老闆威廉也不得不流亡國外。威廉將財產託給羅斯柴爾德管理，因爲羅斯柴爾德在歐洲各國都有認識朋友，肯定能藏匿在一個安全的好地方。

這筆錢理所當然的藏在沒有被拿破崙征服的地方，也就是羅斯柴爾德家三子內森（Nathan Mayer Rothschild）所在的英國，而內森更把羅斯柴爾德家族變成全球富豪。

威廉將大筆財產送往英國，委託內森去購買英國國債，內森口頭上答應，卻遲遲沒有將國債購買合約送給威廉，因爲內森拿了威廉的財產去搞證券交易。

另一方面，威廉又以內森的名義資助與拿破崙爲敵的英國聯軍，因爲要是以自己的名字出錢，會有生命危險。

結果**內森・羅斯柴爾德成了英國國債的主要持有人，震撼英國財經界，他也利用這個名聲大賺特賺。**

羅斯柴爾德累積了龐大財富，當時的內森還因此留下幾個傳奇。最知名的傳奇就是「滑鐵盧戰役」時期的英國國債交易。

當拿破崙與英國一決勝負的時候，羅斯柴爾德家族手上有大筆英國國債，如果英國輸了，英國國債就會一文不值，損失慘重。

內森比別人更早掌握英國打贏滑鐵盧戰役的消息（傳說內森親自前往觀戰，也有人說是利用信鴿），但他卻反向操作，在英國證券交易所大量拋售英國國債。英國國內收到英軍占下風的消息，又看到內森拋售國債，證券交易所一片恐慌，資本家們以爲英國打敗仗，卯起來拋售國債。

內森就趁著英國國債暴跌的時候大量收購，後來英國獲勝的消息傳回國內，讓內森賺翻天。

以上是內森傳奇的概要。

但是這似乎比事實要誇大很多。

最近倫敦證券交易所重啟調查，發現滑鐵盧戰役時期的英國國債價格，其實並沒有太大的波動。

然而，內森確實趁著拿破崙戰爭時期賺了一大筆。

他當時的主要生意項目之一，就是走私。

一八〇六年，全歐洲只剩下英國沒有敗在拿破崙的麾下，拿破崙就對英國進行經濟封鎖，結果歐洲各地的羅斯柴爾德家族攜手合作，開始做走私生意。比方說法國很缺英國產的咖啡、砂糖、棉製品，英國則是煩惱東西賣不出去，內森便在英國廉價收購商品，然後走私給法國的羅斯柴爾德家族販賣，賺取暴利。

拿破崙戰敗之後，由於羅斯柴爾德家族在戰爭期間幫了英國不少忙，所以獲得收購歐洲各國國債的優先權（事實上，羅斯柴爾德家族也幫忙拿破崙，這家人擅長見風轉舵）。

拿破崙戰爭結束後的三年內（一八一五年到一八一八年），羅斯柴爾德家族的財產暴增十倍以上（從三百萬法郎變成四千萬法郎）。一八二五年，其家族總資產達到一億法郎，意卽十年內增加了三十倍。當時法蘭西銀行（法國的中央銀行，類似日本的日本銀行）資本額才六千萬法郎，可見羅斯柴爾德家族富可敵國。

提供資金給英國政府收購蘇伊士運河，賣了一筆人情債

有件事情讓羅斯柴爾德家族的財力公諸於世，那就是英國收購蘇伊士運河。

蘇伊士運河是連通地中海與紅海（蘇伊士灣）的運河，也是歐洲與亞洲之間的最短航線，一八六九年才由人力鑿通。當時英國認爲不可能鑿通，沒有參加這項工程，所以是由法國主導成立了蘇伊士運河公司。

蘇伊士運河一開通，立刻成爲世界貿易的主要航線。原本歐洲商船前往亞洲必須繞過南非的好望角，有了蘇伊士運河之後，航程縮短百分之四十二。

這對當時在印度殖民的世界第一海運大國英國來說是個威脅，因爲利用蘇伊士運

河的商船有四分之三都是英國籍，代表英國的貿易命脈被掌握在死對頭法國手上。

當時的歐洲崇尚帝國殖民主義，各國互相牽制（其實現在也一樣，只是當時競爭更激烈），所以法國輿論開始主張要限制英國使用蘇伊士運河。

英國一直企圖取得蘇伊士運河公司的股份，終於在一八七五年等到機會。蘇伊士運河公司的大股東是法國和埃及，但是埃及財政惡化，不得不拋售公司股份。當時埃及的掌權者是鄂圖曼土耳其的總督伊斯麥爾·帕夏（Ismail Enver Pasha）。

伊斯麥爾原本打算靠著出口棉花來湊蘇伊士運河公司的資本，但是美國剛好打完南北戰爭，導致棉花價格暴跌，湊不足錢。

當時的英國首相班傑明·迪斯雷利（Benjamin Disraeli）受邀去羅斯柴爾德家吃晚餐，湊巧得知這項消息，他一直很想趁法國不注意時取得蘇伊士運河的股份，於是瞞著議會進行交易，而這筆錢當然是由羅斯柴爾德家族提供融資。

融資金額爲四百萬英鎊，當時世界上能立刻掏出這麼多錢的家族，就只有羅斯柴爾德了。

英國取得蘇伊士運河公司的股份，可說是普天同慶的大事，但這事情瞞著議會進行，所以有部分人民反對。

另外有傳聞說，羅斯柴爾德家族靠這筆貸款大撈一筆，不過當時融資的條件只有百分之二．五的手續費與百分之五的利息，意即只賺了十萬英鎊，算不上什麼暴利。羅斯柴爾德家族倒是靠這筆貸款，賣了英國政府一筆人情債。

羅斯柴爾德與陰謀論

只要談到猶太陰謀論，就一定會扯上羅斯柴爾德家族，說羅斯柴爾德家族暗中支配了世界經濟。

甚至有極端說法認爲，歐洲在十九世紀到二十世紀之間發生的所有戰爭與革命都是由羅斯柴爾德家族策畫，就連希特勒崛起也是羅斯柴爾德家族所安排，實在荒謬。

十九世紀到二十世紀中葉，羅斯柴爾德家族確實是世界最大的資本家，所有戰爭都牽扯到羅斯柴爾德家族的資金，也不是不可能。

但這不代表羅斯柴爾德家族策畫了所有戰爭。

因爲**所有資本家都不喜歡戰爭（軍火商除外），戰爭是國家級的資源消耗戰，代表資本家很可能損失資產。**

尤其像羅斯柴爾德這樣在歐洲各地都有資產的家族，無論哪國打贏、哪國打輸，都會損失部分資產。

第一次和第二次世界大戰就讓羅斯柴爾德家族損失慘重，不僅沒了財產，還失去了家人。

羅斯柴爾德家族中坐鎮維也納的一支，就在二次大戰期間被抄家。納粹德國併吞奧地利的時候，維也納一支的大家長路易．羅斯柴爾德被蓋世太保逮捕，路易當時是維也納．羅斯柴爾德銀行的負責人，也是羅斯柴爾德家族的棟梁之一。

羅斯柴爾德家族當然盡全力想救出路易，納粹德國的條件是要維也納的羅斯柴爾德家族交出所有家產。

路易．羅斯柴爾德繳了這筆「贖金」，總算活著逃離維也納，但損失太過慘重，大戰結束之後仍無法東山再起。納粹德國沒收的資產，戰後由共產黨組成的捷克政府接收，並賠償給羅斯柴爾德家族，但是只剩下當時沒收的三分之一不到。

法國一支也是損失慘重。

納粹法國的猶太人，比德國本土的猶太人更加悽慘，只要任公職或位居其他重要職位，都遭到解任，當然也包括銀行家在內，羅斯柴爾德家族就跑不掉了。

羅斯柴爾德家族在巴黎的艾德蒙、羅貝爾和安利，被當時親納粹的貝當政府剝奪法國國籍，等於把羅斯柴爾德家族趕出法國。

巴黎一支也有人喪命，大家長吉德·羅斯柴爾德的媽媽與母系親屬，幾乎都死在集中營裡。此外，羅斯柴爾德家族中的菲利普男爵之妻雖然不是猶太人，卻因爲冠了羅斯柴爾德的姓氏而被送往集中營，命喪黃泉。

陰謀論人士都不會提到羅斯柴爾德家族有人喪命，但如果陰謀論人士把這些人命也算在一個巨大的陰謀之中，那筆者就沒什麼好說的了。

羅斯柴爾德家族爲何沒落？

羅斯柴爾德家族目前依然是鉅富，但影響力已經不及十九世紀，俗話說盛極必衰，一股勢力由盛轉衰一定有它的原因，所以我想來探討羅斯柴爾德家族爲何沒落。

第一個原因就是進軍美國的時機太晚。

目前羅斯柴爾德家族的本行，是倫敦的羅斯柴爾德父子銀行，這間銀行在十九世紀可說是倫敦的核心。當英國盛極一時的時候，羅斯柴爾德家族坐鎮倫敦，卻沒趕上進軍美國的時機。畢竟當時的歐洲人普遍認爲，在歐洲混不下去的人才會去美國，羅斯柴爾德家族也因此大意了。

工業革命剛開始的時候，美國在世界上只能算是窮鄉僻壤，沒人猜得到它在二十世紀會發展得這麼快。

羅斯柴爾德家族也有投資美國，並與美國的猶太投資銀行庫恩－羅布（Kuhn Loeb & Co.）公司做生意。

但是，庫恩－羅布公司和羅斯柴爾德家族的合作關係只維持到二十世紀初期。一九三三年美國頒布《格拉斯－史帝格爾法案》（Glass-Steagall Act），銀行不能同時兼具商業銀行與投資銀行（類似證券公司）的功能，庫恩－羅布公司選擇成爲投資銀行，所以幾乎無法與羅斯柴爾德家族的商業銀行往來。

庫恩－羅布公司在二十世紀初期成爲與摩根齊名的美國頂尖金融機構，也是僅次於所羅門兄弟的大銀行，但是後來被併購，從此銷聲匿跡。

羅斯柴爾德家族沒落的另外一個原因，是「股份有限公司」的崛起。

十九世紀的金融業者將大多數事業集中於收購各國國債，也就是借錢給國家。羅斯柴爾德家族購買歐洲各國國債來累積財富，是當時銀行家最標準的做法。

但是到了二十世紀，民營企業規模變得非常龐大，金融業逐漸從收購國債轉爲對企業融資。

羅斯柴爾德家族在這方面又慢了一步。

股份有限公司可說是近代企業的常識，但是羅斯柴爾德家族在這一塊領域的起步非常慢。

股份有限公司制度是讓企業迅速成長的主因之一。股份有限公司就是由許多股東出資來執行事業，股東愈多、資本愈雄厚，事業也就愈順利。

羅斯柴爾德家族沒有轉型成股份公司，而是繼續維持家族企業，因爲股份公司必須把資產訊息公開給股東知道，他們肯定不喜歡。再加上羅斯柴爾德家族原本就富可敵國，也沒必要向其他股東募資。

但是在近代的企業環境裡，資本規模會影響企業興衰，就算羅斯柴爾德家族再有錢，還是以發行股票來募資會比較穩定。

一九四七年，羅斯柴爾德家族的核心事業（倫敦的羅斯柴爾德父子銀行）總算轉爲股份有限公司，但是僅限羅斯柴爾德家族的人擔任股東，直到一九六〇年之後才開放家族之外的人成爲股東（此時才算是眞正的股份公司）。

如今全球經濟的兩大勢力就是「美國」和「股份有限公司」，羅斯柴爾德家族卻在這兩方面落後許多，於是失去往日的光芒。

Chapter 9

第九章

探討明治日本的「經濟奇蹟」！

戰前日本是世界經濟史上的大驚奇

十九世紀末葉，歐美列強的帝國主義肆虐全球，但亞洲的邊緣卻出現了一個詭異的帝國。

說詭異可能不太好聽，但這個帝國對當時的世界來說眞的很詭異，這就是日本帝國。

在十九世紀之前，日本在世界上幾乎毫無地位，頂多出現在《馬可波羅遊記》，或是耶穌會傳教士紀錄中的一部分，而全世界所有國家的小學課本，也幾乎不會去提十九世紀之前的日本。

日本剛對外開放的時候，歐美國家對這個島國的認知就是中國的藩屬國。歐美列強接連征服了阿拉伯、亞洲和非洲，又以鴉片戰爭蹂躪中國，根本就不把這個小島國放在眼裡。

這個島國將近三百年沒有與歐美國家交流[9]，也幾乎沒有吸收西洋的文化與技術，當然不清楚西方已經發生工業革命。日本男人留著仿照中國髮辮的「髮髻」，女人梳著大包頭，滿街都是拎著日本刀的軍人作威作福。

對歐美國家來說，日本只是有著奇怪文化的亞洲小國，但是日本一開國就迅速吸收歐美的科學與文化，全國瞬間「洋化」。

日本開國短短四十年，就以武力擊敗了亞洲最大的中國，十年後又與歐美列強中的俄羅斯交戰，勉強取得勝利。

同時在世界經濟上也嶄露頭角。

從明治維新到第二次世界大戰之間的七十年，日本的實質GNP[10]增加了大約六倍，實質礦業產量增加三十倍，實質農業產量增加三倍。

9　編注：自一五八七年豐臣秀吉下令實行禁教，爾後於一六三三年頒布第一次鎖國令，直到一八五四年美國海軍軍官培里率艦叩關，簽定「日美和親條約」，鎖國方才終止。

10　編注：Gross National Product 的縮寫，爲衡量國民所得的經濟指標，中文稱作「國民生產總值」。

當時世界上沒有任何其他國家可以成長得這麼快。

日本戰後的經濟成長號稱「經濟奇蹟」，但是這個奇蹟的基礎在戰前就已打好，所以**日本眞正的經濟奇蹟是發生在第二次世界大戰之前**。

觀察戰前的日本經濟成長率，名目GNP爲百分之七．二，實質GNP爲百分之三．二九。

這個數字遠低於戰後的經濟奇蹟，但是在當時的國際社會已經相當高。大家都說日本戰後才成爲經濟大國，其實戰前的日本經濟就已經起飛了。

甚至可以說，戰後的經濟奇蹟只是明治時期經濟發展的延伸。

國家經濟並不是三兩下就會成長，尤其以日本明治時期的國際情勢來看，更是不容易成功。

歐美早在明治時期前一百年就開始工業革命，日本的國際競爭力處於劣勢，而且當時歐美國家處於帝國主義鼎盛期，以奸詐狡猾的手法蹂躪亞洲與非洲。歐美列強不僅靠武力征服，還靠經濟侵略。

日本後來受到不平等條約的鉗制，無法對歐美列強宣稱關稅自主權。

在這麼不利的情勢之下，日本卻還是在短時間內打進全球經濟市場，實現爆炸性的經濟成長。

強力的統一政權是「經濟力的支柱」

亞洲國家之中只有日本能夠與歐美列強抗衡，最大的原因就是「迅速建立強大的統一政權（明治政府）」。

觀察歷史便可得知，古今中外所有強盛的國家都一定有「統一政權」。國家集中權力，就能提升經濟力與軍事力。

但是亞洲與非洲的其他國家很難脫離封建制度，也就無法建立強大的中央集權。各地仕紳軍閥割據，內戰烽火連天，結果被歐美列強趁虛而入，殖民蹂躪。

但是日本成立統一政權，沒有發生嚴重內戰，歐美國家也就無法趁虛而入。

爲什麼日本能迅速建立統一政權？

這起因於一八四〇年的鴉片戰爭。

亞洲大國中國在鴉片戰爭中敗給英國，這件事情也傳到日本國內，當時江戶時代的日本還在鎖國，但不代表完全沒有資訊進來。

日本與朝鮮有定期交換情報，與中國也有往來，在歐洲還有唯一的邦交國荷蘭，可以蒐集國際資訊。所以日本江戶時代的知識分子就有歐美列強的資訊。

嘉永六年（西元一八五三年），美國的培里總督率領四艘軍艦進入橫須賀的浦賀沖，也就是俗稱的「黑船事件」。他們帶了美國總統的親筆信，要求與日本做生意，而且表示「若日方拒絕將不惜一戰」。

日本知識分子早就聽說鴉片戰爭的事情，心想這天終於到了。有了危機意識的「志士」們興起尊王攘夷運動，尊王攘夷運動就是建立以天皇爲核心的統一政權，驅逐外國人。

如此也就引發了幕府末期的動亂。

但無論幕府也好，藩侯也好，日本當時的當權者並不喜歡漫長的內戰，因爲大家都知道亞洲各國就是因爲被煽動內戰，才遭到歐美國家侵略，所以幕末內戰很快就結束，誕生了明治新政府。

「日本強大的出口能量」是經濟發展的資金來源

明治日本想發展經濟就必須引進外國的物資與技術，但是如此需要不少錢。

日本怎麼賺到這些錢呢？

答案是出口。

日本從明治時期初期開始就是貿易大國，或者說從幕末開國之後，出口量就急遽增加。

請看下一頁的圖。

「日本出口能量」成為經濟發展的基礎

（日圓）

輸入	輸出	
26,586	22,125	1873～1877年平均
32,618	30,268	1878～1882年平均
32,789	41,714	1883～1887年平均
69,508	72,600	1888～1892年平均
145,195	124,010	1893～1897年平均
262,543	219,153	1898～1902年平均
418,057	357,293	1903～1907年平均
485,489	444,805	1908～1912年平均

出口已能和進口抗衡

出口額大約增加20倍！

明治時代的進出口數字（主要開放港口的貨物進出量）。
摘自《日本貿易精覽》（東洋經濟新報社，一九三五年）。

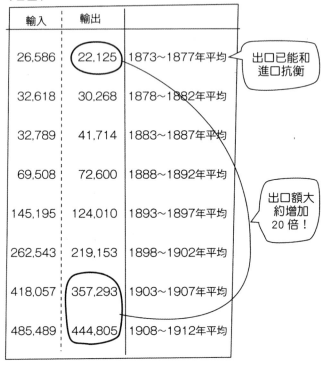

圖表從一八七三年（明治六年）開始，當年的出口數字與進口不相上下。

到了一九〇〇年代，貿易額已經是一八七〇年代的二十倍，這代表日本的出口進步很順利。

如果一個國家只會進口，則會導致資金枯竭而無法繼續貿易，而且明治時期前半段的日本沒有關稅自主權，無法靠關稅來控制進口。

要是日本只能進口，國家經濟就無法強盛，所以只能製造不輸給進口貨的國產貨，靠著有國際競爭力的產品來增加出口量。

明治日本成功解決這個問題，出口數字追上了進口數字。

這表示日本在剛開國的時候就已經有了強大的出口能量，多虧了這股能量，日本才能迅速西化，累積軍力。

日本出口的主力是什麼？蠶絲。

其實日本從江戶時代開始就是「蠶絲大國」，有足夠的產量與技術對歐美大量出口蠶絲。

所以日本開國之後很快就國富兵強。

安政六年（一八五九）六月二日，橫濱港開港。

根據歷史記載，開港短短一個月後運上所（當時的海關）就開始限制蠶絲出口。三井橫濱店的營業紀錄則提到，運上所在安政六年七月二十二日通知日本商人「不准販賣蠶絲」。

這是因爲蠶絲出口量暴增，幕府擔心國內蠶絲不夠用，可見當時日本出口蠶絲的速度有多快。

甚至可以說蠶絲是明治日本經濟發展的基石。

明治五年自力鋪設鐵路

日本經濟發展的成功因素之一，就是基礎建設做得很快。

其中最重要的基礎建設就是鐵路。

維新之後短短五年（明治五年，即西元一八七二年），日本已經開通新橋到橫濱的鐵路。

這在世界史上是一大創舉。

因爲除了歐美國家之外，日本是第一個自力鋪設鐵路的國家。

當時中國和鄂圖曼土耳其境內也有鐵路，但都是由外國企業鋪設。其開發模式是由國家授權給外國企業鋪設鐵路，並租借鐵路用地，由外國企業出資建造與經營。

但是日本不同。

日本確實引進了國外的鐵路技術，卻是由國內自行建造，自行營運。

中國接觸西方文化的時間遠早於日本，卻直到一八八二年才有辦法自力鋪設鐵路，比日本還晚了十年。

明治政府一成立就體會到鐵路的重要性，決定自行鋪設。

但是新政府裡面沒有人知道怎麼鋪設鐵路，因爲沒有人鋪過鐵路，甚至沒幾個人搭過火車。

鋪設鐵路最大的難關就是籌措資金。

鋪設鐵路需要龐大資金，有錢才能引進國外技術，購買車頭與車廂，一開始還得委託外國人來營運，明治新政府完全不知道這筆經費該怎麼湊。

明治政府的財政基礎相當脆弱，打戊辰戰爭[11]又花了不少錢，實在湊不出鐵路經費，當然是可以向民營企業與資本家要錢，但當時日本民間幾乎不懂什麼是鐵路。

所以日本想過將鐵路鋪設權賣給外國的鐵路公司，由外國企業來鋪設鐵路，但又不敢將本國鐵路交給外國人掌管。經過不斷的摸索，最後找上英國調頭寸，委託東方銀行（Oriental Bank）在倫敦發行外國債券，終於湊到鋪設鐵路的資金，當時發行國債的利率是百分之九。

日本湊到這筆錢，總算在明治五年（一八七二年）開通了新橋到橫濱的鐵路。

明治政府打腫臉也要鋪鐵路，其實是正確決定。

因爲鐵路一開通，就讓日本經濟迅速成長。

民衆看到新橋到橫濱之間的鐵路，對鐵路有了認知，也體會到鐵路的方便。

西南戰爭更讓日本人了解鐵路的重要性。在西南戰爭爆發當時（明治十年），日本已經開通了東京到橫濱（明治五年）、大阪到神戶（明治七年）、京都到大阪（明治十年）等三條鐵路，並以火車運送了大批的新政府士兵。

後來全日本吹起鐵路風，各地富商巨賈爭相鋪設鐵路，短短三十五年後，明治四十年（一九〇七年）全日本的營運鐵路總長度已經超過九千公里。這也讓日本的產業飛黃騰達。

11 編注：明治天皇繼位的第二年，頒布了廢除幕府的《王政復古大號令》，讓當時的幕府將軍德川慶喜起兵反抗，但最終兵敗遠走江戶城。爾後，德川慶喜率領的幕府軍，仍持續與明治天皇的天皇軍進行了長達一年多的交戰。最終天皇軍在一八六九年攻下幕府軍於北海道的最後勢力，贏得了這場戊辰戰爭。

Chapter 10

—— 第十章

第一次世界大戰改變了「世界經濟版圖」

第一次世界大戰的導火線是「德國經濟迅速發展」？

帝國主義經濟時代，英國一直都是全球霸主，但後來發生一件事情顛覆了這個局勢。

第一次世界大戰。

直到如今，第一次世界大戰依然是個原因不清不楚的戰爭，因爲當時歐洲各國之間的對立情勢並不激烈。

第一次世界大戰的導火線，是奧地利王儲裴迪南大公遭到暗殺，奧地利因此對塞爾維亞宣戰，德國也根據德奧同盟條約參戰。英國、法國、俄羅斯這些國家之間雖然沒有什麼衝突，但因爲各國之間簽訂的複雜條約，只好跟著參戰。

然而，若是從「經濟」觀點來看第一次世界大戰前夕的情勢，就能知道背後的利害關係。

表面上，第一次世界大戰似乎讓錯綜複雜的歐洲國家關係變得壁壘分明，但其實對強國來說一直都很簡單。當時歐洲四強是英國、法國、德國、俄羅斯，其中英、法、俄都與德國對立，最後加上美國也站在英國這邊，所以是五強之中一打四的戰爭。

我們可以說，第一次世界大戰是歐美強國圍毆德國的戰爭。

爲什麼英法俄美想要圍毆德國？

最大的原因應該是德國經濟發展太快。

德國在歐洲裡面算是「後來居上的列強」。

在十九世紀末葉之前，德國一直分裂爲好幾個省，沒有什麼國家規模的發展。後來，德國之中的普魯士在普法戰爭中打敗法國，站上德國的領導地位，並且終於在一八七一年統一全德國。

日本的明治維新是一八六八年，所以德國與日本幾乎是同時成爲一個新的統一國家。

一八八八年即位的德皇威廉二世積極推動帝國主義，讓德國與美國並列世界第一的工業生產國。

一八七〇年的全球工業生產量之中，英國占了百分之三十二，而德國占了百分之十三，但是到了一九一〇年，反而變成英國的百分之十五對上德國的百分之十六，法國更只有百分之六。

所以**德國在第一次世界大戰之前，就已經成爲歐陸最大的工業國。**

一九一三年，德勒斯登銀行（Dresdner Bank）慶祝四十周年的文宣上，歌頌了德國如何從農耕社會轉型爲世界頂尖的工業國家，人口倍增，勞工收入優渥，人民不再像以前一樣猛往國外逃，國債也愈來愈少等等。

但是德國的成功讓其他西歐國家眼紅，這也是第一次世界大戰的原因之一。而且德國進軍海外的時機遠比英法等國晚，也更急著追回來。

第一次世界大戰之前，德國就與鄂圖曼土耳其帝國交涉，取得巴格達（現在的伊拉克首都）到君士坦丁堡的鐵路鋪設權，當時君士坦丁堡有鐵路通往歐洲，這條新鐵路就是打算以鐵路連結巴格達與歐洲。

這個鐵路鋪設權還包括了鐵路沿線兩邊各二十公里的採礦權，當時中東已經發現了幾座油田，德國就是看上了這一點。

後來鐵路鋪設進度不怎麼迅速，但是採礦採得很開心，德國還與鄂圖曼土耳其帝國攜手成立「土耳其石油公司」，擬定正式開採石油的計畫。

再來提到德國旁邊的奧匈帝國（奧地利匈牙利帝國），奧匈帝國算是近代歐洲的後段班，但曾經是令人聞風喪膽的大國，而且在第一次世界大戰之前，國土與人口也算得上是大國等級。奧匈帝國有很多德語人口，如果與德國合併，就會形成一個超級強國。英法俄三國認為放任德國強大下去，總有一天會稱霸歐洲，所以才聯手圍毆德國，引發第一次世界大戰。

大戰改變了世界的「經濟版圖」

第一次世界大戰完全改寫了世界經濟版圖。最大的變化就是美國與日本迅速崛起。

前一章提過日本經濟在第一次世界大戰期間迅速成長。當時歐洲各國都在打消耗戰，出口能量衰退，同時需要進口大量貨品，所以日本趁機搶走了歐洲各國的市場，擴大出口。

第一次世界大戰期間，日本的出口量就增加了三倍，也從此在世界經濟中占有一席之地。

美國的經濟成長更驚人，因爲美國本土沒有受到戰爭牽連，又賣了大量物資給聯軍，一躍成爲世界最大債權國。

而衰退最嚴重的就是英國。

第一次世界大戰之前，英國勢力已經略顯頹勢。

從十九世紀末葉開始，英國工業技術的優勢已經不再，工業產量在十九世紀末被美國超前，二十世紀前葉再被德國超前。

第一次世界大戰更讓英國雪上加霜。

大戰後期，德國潛艇對英國進行海上封鎖，讓英國國力盡失，還好有美國援助才勉強獲勝。

不僅如此，大戰之前的英國是美國的大債權國，大戰之後反而是美國成了英國的大債權國。

而受創最嚴重的當然還是德國。

後面會詳細介紹，德國戰敗之後，所有殖民地都被搶走，國土被迫割讓，還得負擔鉅額賠款，以致原本強盛的工業德國大大衰落下來。

而這次的經濟版圖改寫，隨後又引發了第二次世界大戰。

第一次世界大戰掀起「能源革命」

第一次世界大戰的重點通常落在「美國本土沒有受到戰爭影響」「日本迅速崛起」，但其實還有個改寫經濟版圖的現象發生。

那就是能源革命：主要能源從煤炭轉爲石油。

第一次世界大戰可說改變了傳統戰爭的型態。

傳統戰爭是軍隊士兵拿著槍在地面上對射，軍艦在海上互相砲擊，然後靠馬車來運送物資與人員。

但是大戰期間出現了幾個「新武器」，完全刷新了戰爭樣貌。

一九一六年九月，英國在索姆河戰役（Battle of the Somme）中投入四十九輛坦克車，此後直到戰爭結束的短短兩年內，坦克車數量暴增至數千輛。

此外，在開戰當時，各國還沒有使用動力車輛運送物資，但是在大戰期間大量使用卡車，光是協約國就投入了二十五萬輛卡車。

接著出現了飛機，開戰當時的飛機只有偵查用途，後來在機上安裝機槍進行空戰，最後還出現了加掛炸彈的「轟炸機」，光是協約國就使用了一萬架的飛機。

還有一項新武器是潛水艇。其實大戰之前就已經發明了潛水艇，只是德國開戰之後才積極導入潛水艇的使用。德國以三百八十一艘U型潛艇讓協約國的海上運輸支離破碎。

這些新武器的動力來源都是「石油」。

第一次世界大戰之前的戰略物資是「煤炭」。

煤炭是蒸汽戰艦的動力來源，也可以用來驅動火車、營運工廠。

但是第一次世界大戰後，煤炭的角色就被石油所取代。

第一次世界大戰是史上第一場「吃石油的戰爭」。換句話說，也就是掀起能源革命的戰爭。

而當時石油產量穩居全球首位的國家，就是美國。

美國曾經是「世界第一產油國」

當世界能源從煤炭改爲石油，「有最多石油的國家」就是最有錢的國家。目前最大的產油國都在中東，但是第一次世界大戰之前，美國才是最早開採石油的最大產油國。

一八五九年，賓夕法尼亞州的泰特斯維爾（Titusville）發現了德瑞克油田，於是美國成爲世界第一個量產石油的國家，後來美國各地陸續發現油田，穩坐全球產油龍頭寶座長達將近百年。

第一次世界大戰期間，協約國所用的石油幾乎都產自美國，甚至可說第一次世界大戰的勝負關鍵正是石油。

第一次世界大戰時期，全球石油出口量有六成由美國獨占。

中東地區（如沙烏地阿拉伯）是從二次世界大戰之後才正式開採石油，大戰之前的產量不大。東南亞和蘇聯也有開採石油，但是完全追不上美國的產量。

美國有精良的煉油技術，在開採油田的同時還致力於擴大石油用途，以石油提煉煤油、柴油、重油、汽油等各種油品，技術突飛猛進。

所以全世界都不得不仰賴美國的石油。

當時日本也沒有提煉辛烷值高的飛機燃料技術，所以不僅要向美國買石油，還得買飛機燃料。

第一次世界大戰到第二次世界大戰之間，美國一口氣成爲全球霸主，「石油大國」絕對是個主因。

另一方面，能源革命則將前任世界霸主英國給扯下台。

英國是靠煤炭興盛的國家，也是全球數一數二的產煤國，十七世紀末的產煤量占了全球的百分之八十五。

南威爾斯（South Wales）產的煤炭稱作「無煙煤」，燒了也不會冒煙，是蒸汽軍艦不可或缺的燃料，所以當時全世界都向英國買煤。煤炭不僅讓英國致富，也成爲戰爭時期的物資談判籌碼。

但是煤炭被石油取代之後，大英帝國的國際地位也一蹶不振。

英國沒落和美國崛起當然還有其他各種因素。

但是能源革命肯定是一大要因，千萬不可忽略。

Chapter 11

第十一章

第二次世界大戰的「總收支」

全球大蕭條從德國開始

一九二九年發生全球經濟大蕭條，各國紛紛縮減貿易規模，採取保護主義，這是引發第二次世界大戰的主因之一。

全球大蕭條的起因是一九二九年美國股市暴跌。其實這件事情早有預兆，就發生在德國，可以說全球大蕭條是從德國開頭。如果不知道當時德國經濟發生什麼事，就無法掌握第二次世界大戰的本質。

讓我先簡單說明當時德國的狀況。

前面提過，德國在第一次世界大戰是戰敗國。戰敗之後，德國簽下了《凡爾賽條約》，導致該國戰後陷入萬劫不復的地獄，也就成了日後納粹崛起的主因。

《凡爾賽條約》對德國非常殘忍。

其中第二三一條表示，第一次世界大戰要完全由德國負責，第二三二條表示德國必須賠償協約國的一切損失。

結果德國的殖民地全被搶走，人口少了百分之十，領土少了百分之十三．五，農地少了百分之十五，鐵礦脈少了百分之七十五，並導致德國的鋼鐵產量降到戰前的百分之三十七．五，還要賠償大約三百三十億美金，相當於十幾年的德國稅收總額，無比殘忍。

德國不斷向協約國抗議，表示這樣的賠償絕對賠不出來，應該要由專家重新評估德國的國力，提出適當的賠償金額。

英國經濟學家凱因斯等人也認爲：「德國如果要支付這麼高額的賠款，就必須出口極大量的工業產品，如果德國眞的成功，將毀滅英國工業界。」所以建議降低賠款。

但是協約國充耳不聞，結果給全世界帶來重大災難。

凱因斯預言：「一九三〇年將面臨危機」

德國被迫繳納鉅額賠償金而發生超級通貨膨脹：一九二三年的貨幣價值暴跌到原

本的一兆分之一。後來德國採取「新馬克改革」，停止銀行融資並發行新貨幣，總算阻止了超級通膨。

協約國看到德國的超級通膨終於心生不忍，於一九二四年頒布《匯兌保護條款》。《匯兌保護條款》就是允許德國以德國馬克支付賠款。一旦德國馬克暴跌，協約國也會虧大錢，所以協約國就有義務穩定馬克的價值。

這麼一來協約國就得用心保護德國經濟了。

一九二〇年代中期，《匯兌保護條款》讓德國經濟有了喘息空間。以美國爲首的外國資本從一九二四年起大量湧入德國，順利修復德國賴以爲生的出口產業。包括藥物、膠捲、汽車、化學纖維，各項產業都欣欣向榮。

但是德國的繁榮並沒有穩定的基礎。

德國扛著《凡爾賽條約》的賠款，如果沒有美國投資就會立刻走投無路。

而大家最害怕的事情發生了。

時間正是一九二九年春天。

協約國與德國開會決定將賠款降至三分之一，同時廢除《匯兌保護條款》，意即德國必須以債權國的貨幣來支付賠款，此舉對於經濟疲軟的德國來說實在殘忍。

英國經濟學家凱因斯也強烈反對廢除《匯兌保護條款》，並且發出一則預言。

「這麼做絕對撐不了多久，一九三〇年發生什麼危機都不足爲奇。」

不幸的，凱因斯言中了。

不用等到一九三〇年，一九二九年就爆發了全球性的經濟恐慌。

也就是全球大蕭條。

美國的罪過是「做生意賺了就跑」

全球大蕭條是第二次世界大戰的主因之一，一般人都說這只是「美國的泡沫榮景破滅」。

然而，全球大蕭條絕對不是巧合，而是當時世界經濟的矛盾同時爆發出來。

爲何全世界的經濟充滿矛盾？美國要負很大的責任，簡單來說就是美國破壞了世界經濟秩序，進而破壞了世界經濟。

說清楚些，就是美國不肯扛起世界經濟的重責大任。

做生意最大的責任就是「不可以賺了就跑」。

如果違背這個原則，世界經濟就會周轉不靈。但美國不理會這條規矩，一股腦的把財富囤在自己的國家裡，導致世界經濟殘破不堪，最後破產。

爲什麼美國做生意喜歡賺了就跑，獨占財富？

讓我來說明來龍去脈。

前面說過，第一次世界大戰讓美國經濟突飛猛進。

美國在這段期間賺了不少黃金。

當時的貨幣體系採取金本位制度，以維持各國的貨幣供給穩定。根據金本位制度，一個國家有愈多黃金，就要發行愈多貨幣。

貿易順差會增加國家的黃金庫存

↓

該國的貨幣供給增加

該國發生通貨膨脹，出口商品也隨之漲價

↓

國際競爭力降低，貿易順差減少

↓

世界各國採取金本位制度，以維持國際貨幣體系之穩定。

但是美國打破了這條規矩。

美國擔心國內發生通貨膨脹，就算黃金不斷流入國內也不肯發行更多貨幣，一九二二年八月之後流入美國的黃金，全都成了聯準會[12]的儲備黃金。

這會發生什麼事？

---

12 編注：英文為 Federal Reserve System，也簡稱 Fed 或美聯儲。為美國的中央銀行體系，成立於一九一三年。

美國擁有大量黃金，國際競爭力卻依然強大，因此美國的貿易順差也愈來愈大，黃金愈賺愈多。

一九二三年底，美國已經持有全世界四成的黃金（美國的黃金儲備量一直增加到第二次世界大戰結束，最後總共持有全球七成的黃金）。

美國瘋狂囤金，造成世界各國缺金。

根據金本位制度，黃金少就必須減少貨幣發行量，黃金不斷減少會影響貨幣流通，引發通貨緊縮與產業蕭條。

一個國家缺乏黃金，就沒錢向其他國家購買物品，貿易量自然衰退。

所以，美國囤積全球通用的黃金，正是一股引爆全球大蕭條的「邪惡能量」。

一九二〇年美國經濟泡沫化的一大主因，也是美國過度囤積黃金。

最終，美國的囤金政策把自己逼進了死胡同。

納粹崛起與德國經濟復甦

全球大蕭條對於德國人的困境可說是雪上加霜。美國大舉從德國撤資，導致德國產業有如風中殘燭，失業率居高不下。當時的德國政府也拿不出有效政策。

威瑪共和（Weimar Republic）[13]最後一任總理海因里希．布呂寧（Heinrich Brüning）於一九三〇年上任之後立刻刪減財政支出，同時增稅，企圖解決當下最嚴重的問題，也就是政府的嚴重虧損。當年六月，布呂寧政權取消失業保險補助金，降低公務員薪資，並且考慮增稅。

不景氣的時候刪減支出會雪上加霜，所以德國經濟更加惡化，失業人口超過六百五十萬。

13　編注：爲一九一八年至一九三九年採用共和憲政體制的德國。其使用國名爲「德意志國」，但後代史學家習稱爲「威瑪共和」。

這項政策引發德國民眾強烈反彈。

於是希特勒就出現了。希特勒率領的納粹黨主張整軍經武，撕毀《凡爾賽條約》，政治理念極爲強硬。

納粹黨剛成立的時候，財經界與保守派都對這個激進團體敬而遠之，但是德國經濟惡化，以致中產階級以下的民眾一面倒的支持納粹黨。

最後，財經界與保守派爲了防堵共產黨崛起，兩權相害取其輕而選擇支持希特勒，讓希特勒在一九三三年掌握政權。

希特勒政權上台才三年，就讓失業人口降到一百萬左右，把德國經濟恢復到大蕭條之前的一九二八年水準。一九三六年的國民生產毛額比起納粹執政之前的最高紀錄（一九二八年）還高出百分之十五。

在全球大蕭條的重災區之中，只有德國與日本能夠復甦得如此快速，就連美國也要到一九四一年才走出大蕭條的陰霾。

以下是大蕭條發生九年之後（一九三八年）的各國失業人口數量。

一九三八年各國失業人口數

英國一百三十五萬人（最高峰三百萬人）
美國七百八十三萬人（最高峰一千兩百萬人）
德國二十九萬人（最高峰六百萬人）
日本二十七萬人（最高峰三百萬人）

自從全球大蕭條以來，世界列強紛紛建立貿易壁壘，推廣只有本國與本國殖民地之間的「區塊經濟」。美國形成美元區，英國形成英鎊區，日本也侵略滿州而形成日圓區。

但是當時德國已經沒有殖民地，也沒有侵略他國領土，希特勒光靠國內政策就迅速喚醒了國內景氣（德國是在景氣復甦、軍備壯盛之後，才開始併吞奧地利，並侵略歐洲）。

希特勒推動大型公共建設（如高速公路），以政策保護勞工，迅速減少失業人口，重振德國經濟。希特勒成功擺脫不景氣的陰霾，獲得德國人瘋狂支持。

納粹攻城掠地的「經濟面因素」

德國靠著希特勒的政策迅速強化經濟，之後就瘋狂的攻城掠地。

一九三六年三月，希特勒命令德軍進駐萊茵蘭（Rheinland）非武裝區，一九三八年三月併吞奧地利，九月逼迫捷克斯洛伐克割讓蘇台德地區（Sudetenland），翌年將整個捷克併入德國。最後進攻波蘭，引發第二次世界大戰。

光看以上的敍述，會認爲納粹德國目中無人，瘋狂侵略周邊國家。

但是仔細觀察其中緣由，就知道納粹德國這麼做不無道理。

首先來看當時德國的領土。

前面說過德國打輸了第一次世界大戰，失去了百分之十三．五的國土與百分之十的人口，殖民地也都以委託統治的藉口被協約國瓜分。

沒收殖民地與割讓國土已經大大損傷了德國國力，後續還要負擔鉅額賠款。

所以德國人心想，反正賠款都要賠了，至少把自己的殖民地和國土拿回來吧。

因此，納粹德國在英法對德宣戰（第二次世界大戰）之前所擴張的領土，其實都是取回前德意志帝國的領土，或是德語圈的合併。

英法對德宣戰之後，德國爲了確保資源而進一步攻城掠地，但在開戰之前，德國並沒有侵略超過原有領土的地方。

爲什麼希特勒曾經入圍「諾貝爾和平獎」？

一九三九年，希特勒曾經入圍諾貝爾和平獎。

現代的諾貝爾評審委員會對於這件事的說法是：「提名希特勒是個笑話，提名希特勒的人是希望讓希特勒得個和平獎，藉此消弭他的野心」。

這是因爲希特勒身爲第二次世界大戰的最大戰犯，諾貝爾評審委員會試圖開脫的推托之詞。然而，在一九三九年那時，希特勒被提名一點都不奇怪。

因爲希特勒在一九三八年保護了歐洲的和平，獲得全球讚揚。

讓我解釋來龍去脈。

本書提過多次，《凡爾賽條約》讓德國損失百分之十三．五的領土，這些地方住的大多是德裔人口。

希特勒撕毀《凡爾賽條約》取得政權之後，希望德國周邊地區的德裔民眾可以「民族自決」。**希特勒對國際社會宣稱的「民族自決」，是各地民眾有權決定自己的政府，所以如果某個地區的民眾希望與德國合併，就應該尊重民眾意願。**

於是在一九三八年三月，納粹德國併吞了奧地利。

當時的奧地利其實是由協約國捏造出來的「人造國家」，以英法為首的協約國在第一次世界大戰結束之後，將戰敗的哈布斯堡王國解體，其中德裔人口較多的地區就成了奧地利。

既然奧地利的德裔人口較多，當然會想與德國合併，只是《凡爾賽條約》禁止兩國合併，就算兩國民眾都同意也不准。

為什麼要禁止兩國合併？因為合併會讓德國變得太強，所以協約國禁止這兩個地區手牽手。

但是希特勒宣稱「奧地利民眾希望與德國合併」，而強行併吞了奧地利。

結果當時全世界幾乎沒什麼反對聲浪，就連法國也默認德國併吞奧地利。

於是，希特勒接著鎖定捷克斯洛伐克的蘇台德地區。第一次世界大戰之前，蘇台德地區是奧匈帝國的一部分，有很多德裔人口。第一次世界大戰結束後，當地的德裔人口馬上組成政府，打算與德國合併。

但是英法等戰勝國將蘇台德地區劃入捷克斯洛伐克，想盡量削弱德國國力。

當時，蘇台德地區有很多德裔人口，在社會上卻受盡歧視，甚至無法擔任公職。德國一直很擔心這個現象，當地的德裔人口也希望德國能救救他們。

於是，希特勒要求捷克斯洛伐克割讓蘇台德地區，並表示不惜一戰。

英國和法國一看就慌了。

捷克斯洛伐克原本就是英法所安排的國家，蘇台德地區也是被英法劃入捷克斯洛伐克之中。

當時，歐洲各國民眾都擔心「要是德國開戰，又要發生世界大戰了」。

所以一九三八年九月，英法德義四國元首在慕尼黑召開了一場會議。

這就是「慕尼黑會議」。

希特勒在慕尼黑會議上承諾「不會要求更多領土」，英法才答應將蘇台德地區割讓給德國。

當時，全球民眾歡欣鼓舞，認為這場會議解除了世界大戰的危機，並且推崇英法代表與希特勒帶來世界和平。英國代表張伯倫首相回國的時候，還接受民眾英雄式的歡迎。

為什麼希特勒在當時會受到全球讚賞？因為當時德國周圍還有很多尚未收復的領土，以及德裔人口居住區，而希特勒主動放棄這些地方，才受到全世界的讚賞。

這就是希特勒被提名諾貝爾和平獎的主要理由。

慕尼黑會議結束後，英法德等國成立國際監察團，在蘇台德地區舉辦公投，最終由民眾決定併入德國。

入侵波蘭的眞相

希特勒雖然在慕尼黑會議上宣稱「不會要求更多領土」，卻不表示他沒有那個野心。

當時英法態度軟弱也是一個原因，希特勒在慕尼黑會議上嚐到甜頭，決定得寸進尺。

但還有一個重要因素。

德國還有個宛如眼中釘的領土問題。

那就是「波蘭走廊」地區。

波蘭是搶了舊德意志帝國的領土，加上一些舊俄羅斯領土而建立的國家，同時爲了確保臨海的土地，德國被迫割讓了「波蘭走廊」地區，以致德國的東普魯士地區成了陸上孤島。

德國的「經濟復甦」與第二次世界大戰

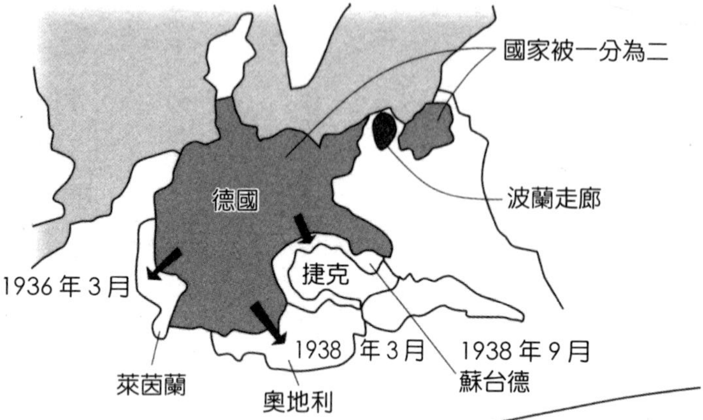

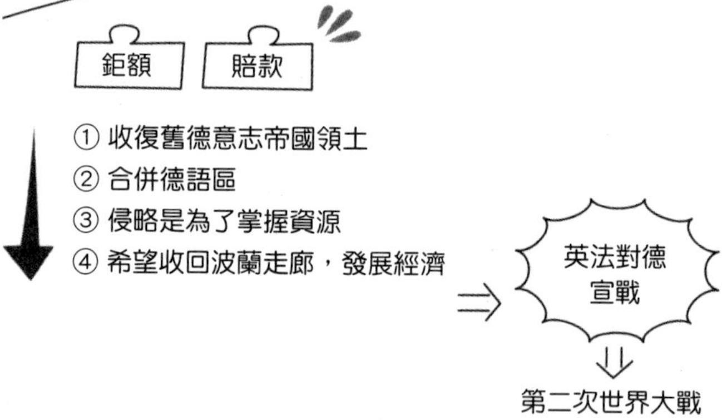

自己的國家被其他國家的領土切成兩半，不僅是一種恥辱，還相當不方便。除了無法自由的在國內通行之外，也有礙經濟發展。

如果日本的名古屋到金澤這塊地區變成其他國家的領土，把本州島切成兩塊，民衆肯定會覺得極爲不便。

所以德國人朝思暮想，要把波蘭走廊搶回來。

德國資本家沙赫特（Hjalmar Schacht）在一九二九年的海牙會議中提出「如果德國拿不回被搶走的殖民地，以及割讓給波蘭的走廊，就不會支付賠款」。沙赫特就是那位以「新馬克改革」拯救德國經濟而聞名全球的財經學者。

連沙赫特都這麼說，可見收復波蘭走廊對於當時的德國來說有多麼急迫。

希特勒不斷要求波蘭歸還波蘭走廊，但是波蘭打死不肯，並向英法求援。

希特勒最後耐不住性子，在一九三九年九月命令德軍侵略波蘭。

與波蘭簽訂條約的英法兩國對德國宣戰。

第二次世界大戰就此開始。

「錢」逼得美國不得不參戰

歐洲剛開戰的時候，美國堅決保持中立。

一九三九年英法兩國對德宣戰，但是德國一路勢如破竹，橫掃整個歐洲，兩個月就讓法國投降，並且讓英國捲著尾巴逃出歐陸。眼見這個局勢，英國投降或談和也只是時間問題。

英國再三要求美國加入歐洲戰線，但是美國從來不肯。因為美國與德國無冤無仇，國內還有很多企業金主投資德國。比方說福特汽車與通用汽車在德國有子公司，即使戰爭爆發，德國子公司還是得照常營運，美國根本找不到必須與德國開戰的理由。再加上美國當時採取保護主義，不肯參與歐洲戰事，議會根本沒有一點參戰意願。

但是後來發生一件事情，讓局勢整個改觀。那就是德國在一九四〇年七月發表了「歐洲新經濟秩序」。

歐洲新經濟秩序就是德國占領區要以馬克爲統一貨幣，馬克圈內的資本、勞工與商品都可以自由往來，類似現在的歐元區。

歐洲新經濟秩序也就是目前的管理通貨制度[14]，擺脫了傳統的金本位制度。而美國最痛恨的就是這個歐洲新經濟秩序，因爲美國的黃金儲備量占了全球四成，金本位制度一定要存在，美國才能穩坐世界霸主寶座。如果歐洲新經濟秩序變成全球標準，所有國家都放棄金本位制度，美國的黃金將變得一文不值。

另一方面，如果全歐洲都使用德國馬克，德國工業產品將獨占歐洲市場。當時，美國是全球最大工業國，但是德國急起直追。如果德國掌握地利而獨占歐洲市場，美國工業產品就沒有市場，產業將受到重創。

---

14 編注：也就是「信用貨幣制度」，是一種與黃金脫鉤，憑藉國家信用發行和流通的貨幣制度。如果貨幣發行量管理不當，會引發通貨膨脹。

也就是說，當德國占領法國之後，美國便無法「隔岸觀火」了。

這樣下去美國會喪失歐洲市場，喪失得來不易的經濟大國地位。

這份恐懼促使美國參戰。

一九四〇年九月，德國發表歐洲新經濟秩序不過兩個月，美國的羅斯福總統就與英國、加拿大簽訂驅逐艦基地協定，讓美國使用英軍基地九十九年，換來美國提供五十艘驅逐艦。

當時對戰爭國家提供武器，就已經符合國際法上的「宣戰」，至少已經不算「中立」了。

這就是美國參戰的起點。

貿易戰爭——日本出口能量搶走了英國市場

接下來我們看看第二次世界大戰的另外一個戰場——太平洋戰線。

昭和初期，日本與英國之間發生了貿易戰爭。

我們現在比較熟悉的貿易戰爭，就像是一九八〇年代美國與日本之間的汽車進出口角力，但其實更早之前就已經發生過類似的事情。

爲什麼日本與英國會發生貿易戰爭？

原因在於棉製品。

日本的棉製品出口量暴增，結果跟英國交惡。

棉製品原本是英國的獨門生意。

英國在工業革命時期成功的將蒸汽動力投入棉紡織業，以這股經濟能量當上世界經濟霸主。

從十九世紀到二十世紀初，世界經濟發展都是以英國棉製品爲中心。二十世紀初期，世界貿易中的棉紡織品比例達到百分之二十，英國更占了其中的一半。

英國曾經是國際間棉製品貿易的霸主，世界各地的棉花買主聚集倫敦，收購來自埃及、印度、美國等地的棉花。倫敦要處理龐大的交易金額，因而成爲世界銀行。

所以，棉製品是英國成爲世界霸主的支柱，當英國工業開始沒落，還是靠著將棉製品外銷殖民地印度來維持經濟繁榮。

日本則是正面挑戰英國這條經濟命脈。

英國採封閉經濟趕走日本

前面提過幕末開國之後，日本的主要出口項目是蠶絲。但是日本產業界發現，與其賣蠶絲「原料」，不如製造絲絹布料等「產品」更有賺頭，於是積極發展紡織業。

日本經濟在第一次大戰期間迅速成長，當時的核心產業就是紡織業，日本從此開始強力侵略英國的紡織業市場。

在當時，日本紡織業比英國更有優勢。

英國確實靠著工業革命達成紡織業的機械量產，但是其工廠與設備已經十分老舊，再加上世界霸主的位子坐太久了，並不積極引進新技術。

日本晚了一百年才體會到工業革命的威力，反而瘋狂引進新技術。

另一方面，英國紡織業有許多小工廠林立，而日本則是靠著財經界的大勢力建造大工廠。

比方說日本紡織業先驅「大阪紡織」，就是由涉澤榮一（日本知名實業家）等人合作成立。大阪紡織先發行股票募資，然後引進世界最大的紡織機，建造大規模工廠，以電力二十四小時運轉，還引進剛發明不久的電燈泡。

大阪紡織相當成功，日本各地接連仿效，進而開展了日本的棉花工業。

另一方面，日本的人事費用比英國便宜，英國產品的價格根本贏不過日本產品。日本不僅在國內紡織，還在上海、青島等地建造最新的紡織工廠，將英國產品趕出中國市場。

全球大蕭條之前的昭和三年（一九二八年），日本棉製品出口量只有英國的百分之三十七，到了昭和七年（一九三二年）達到百分之九十二，隔年便超過英國。

英國看了當然不開心。

本國最重要的產品市場被日本搶走，就好像現在的日本汽車出口量被韓國超前一樣令人震撼。

英國最頭痛的就是印度市場被搶走。

當時印度還是英國的殖民地，等於是英國的前院．英國產品在印度理應占盡優勢，卻被日本產品擊垮，可見日本產品多麼有競爭力。

英國急了，只好採取強硬手段。

也就是限制進口，採取封閉經濟。

在昭和五年（一九三〇年）四月，英國政府命令印度政府施行棉業保護法。法條內容是印度進口英國棉製品要課百分之十五的關稅，進口其他國家的棉製品則要課百分之二十的關稅。

日本對於英國封閉經濟的普遍認知是昭和七年（一九三二年）的渥太華會議[15]，但眞正的封閉經濟早在兩年前就開始了。

後來印度的棉製品關稅更加失控。

昭和六年（一九三一年）三月，英國製品關稅爲百分之二十，他國製品爲百分之二十五；九月時，英國製品關稅爲百分之二十五，他國製品爲百分之三十一．二五。

昭和八年（一九三三年），英國終於採取最後手段。

印度政府大幅提高進口棉布的關稅，英國製品維持在百分之二十五，但是他國製品的關稅竟高達百分之七十五，**這就是針對日本產品而來**。

日本當然不會忍氣吞聲。

當英國限制日本對印度出口棉製品，日本就停止向印度進口棉花。

棉花是當時印度的重要出口品，而日本又是大主顧。印度向日本出口棉花，然後向日本進口棉製品。

因此，日本的棉製品業者以拒買印度棉花作爲抵制，造成印度棉花的價格暴跌，嚴重打擊印度經濟。

印度也想解決這個問題，所以與日本單獨協商，最後同意將印度棉花出口量與日本棉製品出口量同步。

可惜最後還是沒能解決經濟上的摩擦。

15 編注：由英國的殖民地與自治區政府參加之會議，一同討論經濟大蕭條的對策。會中，各方認同金本位制度的失敗，並且意圖對於大英帝國各成員國之間採取優惠關稅，而對於其他國家的進口品徵收較高關稅。

因爲英國還是不斷搗亂，要印度抬高日本雜貨的進口關稅，印度也不斷出賣日本。

最終，日本被趕出印度市場，只好轉向中國滿州。同時間，印度經濟受到這次打擊，造成民怨沸騰，引發後來的獨立運動。

資源競爭——爲什麼美國不希望日本侵略中國？

由於全球走向封閉的區域經濟，日本決定將勢力範圍擴張到中國，這件事情惹惱了美國，成了美日開戰的主因。

爲什麼美國會這麼討厭日本侵略中國？

「因爲中國很可憐」「不能原諒日本目中無人的侵略舉動」。

這些都是事後諸葛。

美國不會因爲其他國家很可憐，就派自己的人民出國打仗，美國之所以不滿日本在中國的作爲，最大原因還是「經濟」。

其實美國當時也很想要中國的好處，尤其中國東北地區（也就是滿州）更是夢寐以求的寶地。

十九世紀末葉到二十世紀中葉之間，滿州是能夠影響世界局勢的地區，歐美列強無不在此上下其手。

十九世紀末葉的滿州，是當時世界上少數還沒有被歐美列強殖民的地方。歐美列強不斷侵略非洲、美洲、亞洲，中國是最後的獵物，滿州則是中國最後的天涯海角。因爲滿州太遠，世界各國都還到不了，就連侵略中國的英法兩國也沒進軍滿州。然而，幅員遼闊的滿州地區相當吸引歐美列強，所以列強在當地互相牽制，商討該怎麼瓜分此地。

十九世紀末，俄羅斯首先動手侵略此地。

俄羅斯就在滿州隔壁，比其他列強更具地利，而且俄羅斯天寒地凍，滿州氣候則較爲溫暖。如果能侵略滿州，還能從這裡進軍太平洋，所以俄羅斯非常想占領滿州。

不過，俄羅斯直到十九世紀末仍對清廷有所顧慮，所以沒有明顯的侵略滿州。

當俄羅斯發現清朝打輸了中日甲午戰爭，方才大舉侵略滿州，硬是搶走了向清廷租來的遼東半島，奪得全滿州的租借權與鐵路鋪設權等等。

當俄羅斯南下到朝鮮半島，就與日本發生衝突，也就是日俄戰爭。

俄羅斯在日俄戰爭中敗北，於滿州的影響力便隨之驟減，所以歐美列強也開始覬覦滿州這塊沃土。

其中最積極的就是美國。

美國在殖民地競賽中起步太晚，手上的殖民地遠少於其他列強。當美國成了世界最大工業國之後，需要外銷市場來消化國內的工業產品，同時也覬覦滿州的農作物與礦藏。

日俄戰爭時期，美國企圖幫日本與俄羅斯談和，其實是爲了要俄羅斯開放滿州市場。

因爲老羅斯福在談和的時候，就已經建議日本「把俄羅斯占領的滿州地區轉爲中立地區」。

不過日本拒絕這個提案，以致最後談和失敗，但是可見美國當時就已經對滿州地區野心勃勃。

「東亞新秩序」惹惱了美國

昭和六年（一九三一年）發生九一八事變，日本在中國大陸全面開戰。剛開戰的時候，美國並沒有嚴重抗議，中國市場對美國來說固然很吸引人，但當時日本對美國的進口額是中國的十倍以上，所以日本才是美國的大主顧。

後來發生一件事，才逼得美國對日本開戰。

那就是「東亞新秩序」。

昭和十二年（一九三七年）十二月，南京淪陷在日本軍手中，日本軍隊不斷進攻，在昭和十三年（一九三八年）十月攻陷中國國民黨政府的重要據點・・武漢三鎮與廣東。

接著，日本就在十一月對全世界發表重大宣言。

也就是「東亞新秩序」。

宣言內容爲「蔣介石的國民黨政府只是一個地方政權，往後將由日本建立中國與東亞的新秩序，追求長治久安」。

美國抗議東亞新秩序「傷害各國在中國境內的協議」，日本外務大臣有田八郎則在十一月十八日做出以下回應：

「中國地區狀況改變，無法以之前的原則維持東亞和平。」

在此之前，日本與歐美列強已簽訂協議，約定「特定國家不能在中國謀求特定利益」，但是日本推翻了與美英等列強所簽訂的這項協議。

日本宣稱將由自己來建立東亞新秩序，也就是將滿州國擴大到整個中國。

這就惹毛了美國。

日本支配整個東亞，代表美國會喪失龐大的市場與資源。況且，如果日本掌握了全東亞的石油等重要資源，對美國的依賴度就會降低，也就不會聽從美國了。

美國絕對不能允許這種事情發生。

因此，美國在日本宣布「東亞新秩序」之後，態度轉爲強硬．昭和十四年（一九三九年）七月，美國宣布放棄美日貿易條約，並接連祭出石油禁運等處罰，還積極支援蔣介石政府。

石油戰爭導致美日開戰

昭和十四年（一九三九年）九月，德國入侵波蘭並引爆第二次世界大戰。當時，日本與歐洲戰事無關，立場中立。阿部信行內閣[16]也宣布「日本不介入歐洲戰爭，專心處理支那事變」。另一方面，企劃院和外務省的歐洲戰爭對策審議委員會卻批評阿部內閣「不介入歐洲戰爭」的聲明，主張日本應該冒險南進。

昭和十五年（一九四〇年），歐洲戰線是否正式開戰都還不清楚，德軍就已經征服了整個西歐，並且不到兩個月就讓法國投降。當時歐洲能與德國作戰的只剩下英國。

16　編注：阿部信行生於一八七五年，陸軍大學畢業，留學德國。曾任軍務局長、關務大臣等，一九三三年出任臺灣軍司令，一九三九年任首相兼外相，組閣後第二次大戰爆發。

於是日本國內主張「應該利用歐洲戰爭」的聲浪愈來愈強。說得明白些，就是主張日本應該進軍攻打法屬印尼，切斷英美國家對中國的支援，並搶奪各種資源。

由於英美等國支援中國，日本攻打的進度並不順利，中國人百戰不懈，又有英美提供的武器，怎麼打都打不垮。所以當時日本第一目標就是截斷外國對中國的支援。法屬印尼是支援中國的途徑之一，日本只要出兵占領，就可以截斷這條援助。昭和十五年（一九四〇年）九月，日本強力干涉法國維琪政權[17]，揮軍侵攻印尼北部。

接著在昭和十六年（一九四一年）七月，日本為了對抗美國的石油禁運而進軍印尼南部，這就是美日開戰的關鍵事件。

戰爭的輸贏雙方都血本無歸

第二次世界大戰就是列強為了取得經濟支配權而引發的大戰。

後來德國、日本、義大利等軸心國慘敗，大戰結束。

但是戰敗國可不只有軸心國而已。

戰爭不是單純有一方投降就結束，要分析最後是誰贏得較多利益。

德國和日本當然損失慘重，日本喪失戰前占據的所有殖民地，退回明治維新開始時的領土。德國不僅縮小了支配區域，整個國家還分裂為東西兩塊。

然而，戰勝國的損失也不可小覷，甚至更多。

日本在戰爭初期占領了東南亞各地，當時這些地方都是英國、美國、法國、荷蘭等國的殖民地。日本侵略這些地方，提供武器資源給「新政府」或獨立運動團體，並進行軍事訓練。

17 編注：這是二次大戰期間，納粹德國攻破法國之後所扶植成立的偽政府。

這就埋下了大批的定時炸彈。

日本軍之所以能輕取東南亞，就是因爲歐美列強的殖民地政策引起民衆反感。

第二次大戰之後，東南亞各地都燃起獨立戰爭的烽火。

比方說，緬甸就有受到日軍支援與訓練的獨立反抗軍，二次大戰結束之後立刻猛烈攻擊英軍，引發獨立戰爭，並於一九四八年成功獨立。

另外在一九四五年十一月，有三名受過日本援助的印度民兵將領被判處「永遠逐出印度」，引發全國暴動，並發展爲獨立運動。印度也是在一九四八年脫離殖民統治。

歐美國家在戰爭中元氣大傷，已經無法鎮壓東南亞各地蜂起的獨立運動。

二次大戰結束後的十年內，東南亞衆多地區獨立建國，二戰勝利國幾乎全面放棄了亞洲殖民地，這股風潮還蔓延到非洲。

第二次世界大戰讓戰勝國與戰敗國損失慘重，它不是「自由主義對抗社會主義的戰爭」，而是「毀滅帝國主義經濟的戰爭」。

只有一股勢力從二戰中崛起。

那就是以蘇聯爲主的共產主義勢力。

Chapter 12

第十二章

蘇聯解體與金融海嘯——渾沌的世界經濟

1 蘇聯從誕生到解體的「金流」

追求短期成效的共產主義經濟

近代帝國主義與資本主義國家固然富強，卻也有嚴重的矛盾。

那就是「貧富差距」和「失業」。

當經濟迅速發展，資本家累積龐大財富，同時就有大批勞工被迫在惡劣環境下工作，過著困苦的日子。愈來愈多人丟了工作，只能靠著極低的消費勉強度日，這就成了破壞社會基礎的嚴重問題。

日本也是一樣，大財團掌握了國家大多數的財富，勞工和農民卻有一餐沒一餐，甚至窮到要賣女兒。就是因爲有這樣的社會問題，日本才會侵略中國謀求財富。

不僅日本，世界列強國內都有嚴重的社會衝突。

共產主義的經濟觀就在這時候出現了。

在二十一世紀，我們認爲共產主義只是過氣的學說，因爲我們知道蘇聯和東歐共產國家在二十世紀末接連倒臺。但我們其實小看了這些國家在歷史上的影響力。

二十世紀前葉崛起的蘇維埃社會主義共和國聯邦（簡稱「蘇聯」），其實在世界上有龐大的影響力。

「共產主義」盛行於十九世紀到二十世紀之間，是當時的知識分子所推崇的一股潮流。

共產主義的理念如下：

「從資本家手中搶回社會的財富，平均分配給勞工與國民。」

「建立沒有壓榨者與被壓榨者的平等社會。」

當時的民眾深受資本主義社會壓榨，共產主義對他們來說簡直就是福音，而愈是深思熟慮的知識分子，就愈瘋狂信仰共產主義。

蘇聯誕生於第一次世界大戰期間的一九一七年十一月七日（俄羅斯曆的十月

二十五日），當時在俄國革命的時局混亂之際，共產黨趁機武裝起義奪權[18]。

蘇聯[19]第一次在世界上嶄露頭角，是一九二〇年代末期成功推動第一次與第二次的五年計畫，這兩次五年計畫使得蘇聯工業迅速發展起來。

當時，歐美與日本等資本主義國家受到全球大蕭條的影響，失業問題非常嚴重。蘇聯的五年計畫成功，似乎實現了馬克思的預言，即「共產主義沒有不景氣和失業」，讓全世界的知識分子感受到希望。

然而，當時蘇聯正在推行大肅清，強迫農村繳交農作物，有大批民眾餓死，絕對不是什麼「富庶快樂的國家」。

在二次大戰中打敗法國、威脅英國的德國軍隊，竟被蘇聯軍隊擋了下來，戰後蘇聯又占領了東歐，可見國力確實相當強盛。

所以大戰前後，全世界的知識分子都對共產主義抱持夢想。

共產主義是一種終極的中央集權制度。

國家不僅掌控稅收與軍事，也掌控資源與勞力，全面統一運用。

如果要在短時間內獲取成效，這是一個很有效的制度，因此蘇聯建國初期的「五年計畫」創造了震驚全球的成果。

但是長期看來，這個制度眞能讓國家繁榮嗎？未必。

龐大的官僚國家靠「預算」與「計畫」來做事

蘇聯解體的最大原因就是經濟崩潰。

有史學家認爲「蘇聯是全民平等的社會，不需要競爭，所以經濟也沒有發展」。

這種說法並不完全正確。共產主義表面上確實宣稱全民平等，但**蘇聯並非因爲平**

18 編注：一九一七年十一月，以列寧爲首的布爾什維克發起十月革命，推翻前次革命成立的臨時政府，創建俄羅斯蘇維埃共和國（簡稱「蘇俄」）。

19 編注：蘇俄成立之後，卽爆發內戰。由布爾什維克所領導的紅軍擊敗了白軍與協約國的武裝干涉後，一九二二年以俄羅斯、白俄羅斯、烏克蘭和外高加索等國合併形成蘇聯。

等才解體，而是因爲比自由國家更不平等才解體。

早在冷戰期間的一九六〇年代，蘇聯經濟就已經走入死胡同。

但是一九七〇年代初期發生石油危機，以致世界對蘇聯的石油需求大增，蘇聯經濟也迴光返照。

蘇聯共產主義經濟的基本思維是「計畫經濟」。

從生產到消費的所有環節都由政府規畫，依照計畫執行，所以計畫要非常縝密才能維持民衆生活運作。連一支釘子都要按計畫來生產消費，所以民衆不必擔心失業，也不必擔心挨餓。

這是共產主義表面上的說法。

但實際上根本不可能提前預測國家經濟的所有環節，更不可能按計畫進行一切生產與消費。

蘇聯企業與工廠的首要目標就是按照計畫生產物品。

因爲工廠有義務完全遵守計畫，不能比計畫多，也不能比計畫少。

筆者曾經擔任公職，公家機關員的就是這麼一回事。

官僚的第一要務就是按照原本的計畫做事，預算與年度收支只要差了一毛錢就會挨罵，乍看之下精打細算，其實無比浪費。

就算當下發現有事情該做，只要沒納入事前計畫中就不能做；而當下發現沒必要做的事情，只要已經在計畫裡就非做不可，所以完全無法發揮第一線人員的創意。

共產主義的本質就是這種沒效率的經濟制度。

沒效率的經濟當然導致各方面的衰敗。

百分之三十五的貧困國民，造成階級落差大

一九八五年，蘇聯總理戈巴契夫爲了振興蘇聯經濟而推動改革開放政策（Perestroika），允許私人成立公司，或者以合作社形式成立公司。外交上則是傾向與西歐國家友好。

他同時也釋放政治犯，幫史達林時代遭到整肅的人恢復名聲，促進政治自由化。此外，他還公開各種政府資訊。

然而改革開放和公開資訊，最終造成蘇聯與東歐共產國家垮台，因爲全世界都發現蘇聯經濟有多麼脆弱、社會是多麼不公平，民衆自然忿忿不平。

至蘇聯末期，一九八八年的共產黨全國代表大會上，各種悲慘報告被提出。有一百五十萬人等著政府分配住房，一百五十萬名兒童沒有幼稚園可以就讀，小家庭用的「小型住宅」進駐率只有百分之十五，因爲年輕夫妻無法單獨維持生活，結了婚還是只能各自跟爸媽住。有些小學的公定員額爲六百人，卻收了一千五百名學生，老師還得輪三班來上課。另一方面，共產黨幹部子女都走後門接受高等教育，靠關係找工作升官發財。

更嚴重的是貧窮人口增加。

蘇聯經濟體系宣稱絕大部分國民都領相同薪水，消除民衆之間的差異。

蘇聯國民收入差異表現出「階級社會」

月收入（盧布）	國民人口比例
75以下	12.6%
75~100	15.7%
100~125	17.6%
125~150	15.7%
150~175	12.2%
175~200	9.0%
200~250	10.1%
250以上	7.1%

3576 萬人（75以下，12.6%）

農民平均月收入 117 盧布（100~125）

勞工平均月收入 157 盧布（150~175）

共產黨幹部等 50 萬人的富裕階級，月收入高達 500 盧布！（250以上，7.1%）

摘自 1989 年 7 月 29 日共產黨黨報《真理報》（Pravda）

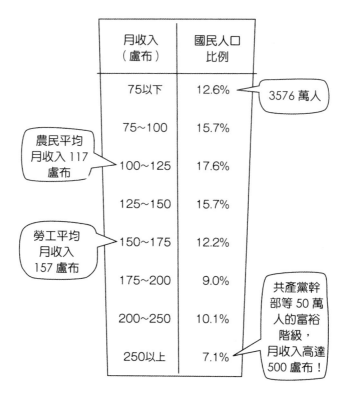

但實際上完全不是這麼回事，從前一頁圖表就知道蘇聯國民收入的階級化。

當時蘇聯勞工的平均月收入為一百五十七盧布，農民為一百一十七盧布。最貧窮階級的月收入只有勞工的一半，不到七十五盧布，但人口竟多達三千五百七十六萬人。也有人說，蘇聯的中低收入與低收入人口占了總人口的百分之三十五。

依靠年金生活的人則更加悲慘。在領取年金的五千六百萬人中，有一半是月收入在五十盧布以下的低收入人口。

另一方面，共產黨幹部等富裕階級大約五十萬人，每個月可領五百盧布以上。

這種落差並不是自由競爭所造成的，而是經濟活動受到諸多限制，無法公平的自由競爭，於是有關係、愛投機的人就能獨占財富。

我要重申，蘇聯經濟並不是因為平等而崩潰，而是因為不平等才會崩潰。

美國擁有「全球七成黃金」，風險極高

二戰結束四十年後，蘇聯與東歐共產國家接連垮臺，但不代表西方國家就歌舞昇平。

西方國家的經濟也面臨多次危機，陷入混亂。

最大的主因就是美國式微。

美國在二次大戰剛結束的時候持有全球七成的黃金，是名副其實的世界經濟霸主，但是大戰結束不過二十年，勢力就瞬間衰退。

西歐國家（尤其是西德）與日本強力復興，造成美國出口能量大大衰退：一九七〇年代起，每年貿易都是逆差。

或許讀者認爲美國式微，其他國家就相對繁榮，整個世界經濟還是保持穩定，那就錯了。因爲按照現行的世界經濟體制，只要美國式微就會重創世界經濟。

目前的美國相當於「世界經濟銀行」，一旦美國出事，全球經濟與金融活動就會停滯。

爲什麼會變成這樣？我們得把時間拉回到一九四四年來找答案。

一九四四年，聯合國爲了重建戰後的國際經濟秩序，在美國的布雷頓森林（Bretton Woods）召開布雷頓森林會議。

布雷頓森林會議決定了美元成爲往後世界經濟的基準貨幣，並施行「金本位制度」，美元可以兌換黃金。

前面已經提過，美國當時保有全球七成以上的黃金，所以會議目的是要以美國的財力與信用來運作國際金融。

以美元當作基準貨幣，意卽世界經濟以美國爲中心。

「美元可以兌換黃金，所以美元有信用」代表如果世界各國的黃金儲備比例發生變動，美元兌換黃金的制度就會立刻失能。要是美國的黃金儲備量一見底，制度就會整個崩潰。

換句話說，只要美國經濟不景氣，世界經濟就會跟著蕭條。

所以，當時參加布雷頓森林會議的知名經濟學家凱因斯，就強烈反對以美元作爲國際基準貨幣。

凱因斯的憂慮

凱因斯並不希望以美元當作基準貨幣，而是主張「發行一種國際結算貨幣班寇（Bancor），讓各國以班寇進行貿易」。

班寇制度就是計算世界各國過去三年內的貿易額，將貿易額的百分之七十五提撥爲各國的「手頭資金」，各國可以靠著交換班寇來調整進出口差額。

貿易順差國拿到比較多的班寇以支付給貿易逆差國，有了這種新的國際貨幣就不需要黃金來交易。

凱因斯也提議，貿易順差國和逆差國都必須負擔收支平衡的義務。

按照之前的國際貿易規則，一旦發生貿易落差，只有逆差國有義務改善財政（並沒有明文規定逆差國要改善財政，但長期貿易逆差會導致商品滯銷，所以逆差國當然要減少貨幣發行量、刺激出口，以改善貿易收入）。

然而，凱因斯建議順差國也有義務減少順差。當貿易順差超過班寇配額的四分之一，就要課徵百分之一的稅金，超過二分之一再追加百分之一。如此一來，國際貿易就不會有任何國家極度順差或極度逆差，世界經濟也會跟著健全。

凱因斯的提議是考慮了第二次世界大戰之前的全球經濟缺點，希望能改善脆弱的經濟結構。

第二次世界大戰之前，各國的貿易收支不均，貨幣不穩定，最終導致世界大戰。凱因斯分析了前因後果，方才提出這樣的改善方案。

但是手上有大把黃金的美國，絕對不會接受凱因斯的提案。

如果貿易不再使用黃金，儲備大量黃金的美國就沒有優勢，黃金也都成了廢料。所以美國堅持採用金本位制度。

此外，美國既然是貿易順差大國，自然不會接受順差國要受罰的建議，因爲美國當時作夢都想不到自己會衰敗爲貿易逆差國。

結果美國不顧歐洲各國反對，強硬簽訂了〈布雷頓森林協議〉，而當時的歐洲各國在大戰中元氣大傷，根本無法對抗作爲世界經濟霸主的美國。

矛盾的「全球基準貨幣」

大戰結束後，國際經濟開始證實了凱因斯的憂慮。

原本美國不斷搜刮黃金，導致國際金融停滯，在二次大戰結束後反而大舉釋出黃金。

因爲美國很大方，出借自己的資本以促進歐洲與亞洲復興。

結果造成戰後的世界經濟不再是「美國獨贏」，反而變成「美國獨輸」。

美國大方的釋出黃金，造成美元信用崩跌，逼使美國必須釋出更多黃金；而美國黃金儲備減少，導致美元信用更低，如此形成了惡性循環。

這樣下去，以美元爲主的國際金本位制度將會崩潰。

一九六〇年代後半葉，美國黃金的流失速度更是火上加油。

一九七一年，美國總統尼克森宣布不再以美元兌換黃金，布雷頓森林體系只維持了短短二十六年便宣告崩潰。

其實光靠一個國家的貨幣擔任全球基準貨幣本來就不可行。

因爲美國在二次大戰剛結束的時候有無比強大的經濟力，美元才能成爲全球基準貨幣。

但是當美元在世界各地流通，意卽美國貿易必須保持逆差；一旦美國貿易順差，代表美元流回美國，也就不能在全球流通了。

世界各國想要美元，所以要求美國保持貿易逆差，但是長期的貿易逆差會讓美國經濟崩盤，美元也就失去信用。

所以**用單一國家貨幣作爲全球基準貨幣，原本就是一大矛盾。**

布雷頓森林體制崩潰之後，世界各國一時找不出有效的國際金融制度。

卽使美元不再能夠兌換黃金，美元還是全球基準貨幣。

美元信用是降低了，但是沒有能夠取代美元的基準貨幣，這又造成了新的金融危機。

沒有美元就無法結算國際貿易，世界各國被迫取得美元，美國也不斷的在世界各地撒美元。

搞著搞著，世界經濟就面臨更嚴重的考驗。

也就是金融海嘯。

2 蘇聯解體導致金融海嘯

美國史上最大的「破產潮」

二〇〇八年九月十五日，美國發生了史上最嚴重的破產案件。破產的就是雷曼兄弟公司（Lehman Brothers Holdings Inc.）。雷曼兄弟公司的資產高達六千億美金，有兩萬五千名員工，是當時美國第四大的巨型投資銀行，有一百五十八年的悠久歷史。

一百五十八年意即該公司的問世比日本明治維新還早，日本目前的大企業幾乎都是明治維新之後才成立，所以雷曼兄弟公司比所有日本大企業都還要老。

當雷曼兄弟公司的美國總公司破產，日本分公司也申請破產，負債總額達三兆四千億日圓，是日本史上規模第二大的破產案。

這個消息震撼全世界。

美國的次級房貸問題從二〇〇七年就開始浮上檯面，但社會大眾並不覺得有多嚴重。次級房貸就是銀行提供給信用較差的人辦理的房屋代貸，然後將許多房貸證券化，包裝成金融衍生商品，在市場上拋售。不斷有金融學者指出它的危險性，但一直沒有發生眞正的危機。

然而雷曼兄弟公司破產，造成市場一片恐慌。

二〇〇八年九月十六日又發生了更嚴重的問題。

美國最大的保險公司AIG，宣布接受聯準會的短期融資。

AIG擁有一兆美元的資產，十萬名員工，是美國最大的保險公司。美國聯準會透過融資取得將近八成的AIG股份，等於是將AIG交由聯準會管理。

也就是破產倒閉。

這項消息造成世界經濟大亂，大家都擔憂又要發生全球大蕭條。

高風險事業「投資銀行」究竟是什麼？

雷曼兄弟公司的主要業務是投資銀行。

日本並沒有投資銀行這種機構，所以日本人對這個詞不太熟悉。

投資銀行是源自美國的機構，業務內容大概就像比較積極一點的證券公司。公家和私人都可以找投資銀行買賣有價證券，包括公債、公司債和股票，也可以談企業合併。

商業銀行（一般銀行）和投資銀行最大的差別在於，商業銀行主要透過民眾存款來籌募資金，投資銀行則是向大型投資和金融機構籌募資金。

民眾通常存了錢就不太會提領，所以商業銀行的資金來源穩定。

但是大投資客和金融機構只要一言不和，就會抽走投資銀行的銀根。

所以投資銀行必須比商業銀行賺得更快，利潤更多，風險當然也比商業銀行更高。

次級房貸風暴害得美國五大投資銀行（高盛、摩根史坦利、美林、雷曼兄弟、貝爾斯登）遭到併購或納入聯準會管理，不是消滅就是大改組。

美國經濟一直隱藏著「大炸彈」

有人認爲金融海嘯的起因是「政府沒有拯救雷曼兄弟」，如果美國政府出手相助，就不會引發金融海嘯。

但是金融海嘯的起因並不只是雷曼兄弟一家公司經營不善。

如果政府援助雷曼兄弟，或許可以暫時避免金融恐慌，但早晚還是會發生全球性的金融海嘯。

因爲世界經濟近年來一直隱藏著巨大的問題，當問題浮上檯面就成了金融海嘯。

這個問題就是美國的金融泡沫。

大家早就知道美國的房價是個大泡沫，許多經濟學家與經濟雜誌接連指責，但政府視若無睹。

各位可以翻閱二〇〇四年到二〇〇六年間出版的世界金融專業書籍，其中有不少著作就明確指出「美國經濟已經泡沫化」。

比方說諾貝爾經濟學獎得主約瑟夫．史迪格里茲（Joseph Eugene Stiglitz）在其著作《世界的另一種可能》（*Making Globalization Work*）中就敘述了美國經濟有多麼脆弱，並明確指出「美國房市泡沫隨時可能爆破」。

美國房價在五年內漲了百分之五十，仔細想想就知道不正常，是個大泡沫，而放任房市泡沫化才是金融海嘯的主因。

爲什麼全球沉迷於「金錢遊戲」？

金融海嘯的近因可說是美國的房市泡沫，但遠因則是全球化的金錢遊戲潮流。

一九九〇年代到二〇〇〇年代之間，全球熱中於金錢遊戲。

起因於美國、日本、西歐各國的貨幣寬鬆，以及鼓勵全球投資的政策。

當美國和日本採取貨幣寬鬆政策之後，投資變得易如反掌，資金也更容易取得。所以全球興起投資潮，各地都開始泡沫化。

一九九九年，美國廢除了《格拉斯－斯蒂格爾法案》。

此舉徹底改變了美國金融業的基礎，讓美國一口氣邁向金錢遊戲大國。

一九三三年，美國記取全球大蕭條的教訓才頒布了《格拉斯－斯蒂格爾法案》。

該法案規定「金融機構不得同時執行銀行業務與證券業務」，所以銀行不能成爲證券公司，證券公司也不能作爲銀行。

爲什麼要頒布這條法律？如果銀行同時可以買賣證券以及存放款，那麼手頭上有某家公司的股票時，就無法拒絕該公司的融資，即使該公司經營不善，銀行還是只能不停融資救命，最後將可能導致銀行破產。

一九二九年的全球大蕭條，就是有許多銀行兼做證券交易，結果接連破產。

美國爲了避免重蹈覆轍而頒布《格拉斯－斯蒂格爾法案》。

這條法律大大改革了美國金融業。

大銀行JP摩根要分拆爲JP摩根商業銀行和摩根史坦利投資銀行。雷曼兄弟的前身之一庫恩－羅布公司，也在法案頒布後廢止了商業銀行業務。

《格拉斯－斯蒂格爾法案》在頒布後的六十六年內，一直是美國金融業的鐵律，世界各國也紛紛仿效。

但美國卻在一九九九年頒布新的《金融服務現代化法案》，等於是廢除了《格拉斯－斯蒂格爾法案》。

金錢遊戲從此一發不可收拾。

現代就像是「法國大革命前夕」

全球從一九九〇年代開始風靡金錢遊戲，其實與蘇聯解體有很大的關係。

當蘇聯共產主義陣營還健在的時候，西方陣營不太敢讓資本主義暴衝。

前面說過，十九世紀到二十世紀初之間，就是因爲資本主義玩得太過火而擴大貧富差距，才造成共產主義崛起。

所以西方陣營一邊走資本主義路線，一邊也限制企業瘋狂拜金，免得擴大貧富差距。

但是蘇聯解體之後，西方陣營就不知節制了。

西方陣營高喊「資本主義才是正確的經濟思想」，政策愈來愈寬鬆，讓企業與投資客爲所欲爲。

比方說，在蘇聯解體之前，西方國家會向富人課徵高額的「遺產稅」與「累進制所得稅」，但是蘇聯解體之後，遺產稅不斷減徵甚至廢除，所得稅的累進比率也愈來愈小。

一九九〇年代之後，日本富人的所得稅率已經降低百分之五十以上，遺產稅率也少了百分之三十以上。與此同時，美國的遺產稅也是一路降，布希在任的時候甚至曾經廢除遺產稅（後來又由歐巴馬政府開徵）。

世界各國針對投資提供減稅優惠，促進投資。

結果從九〇年代下半葉到現在，全球不斷吹著投資風，讓金錢遊戲火上加油。

這才是引發金融海嘯的原因。

金融海嘯發生之後，全球的金錢遊戲有稍微收斂一些，但很快的又捲土重來。全世界現在又開始優惠投資客，鼓吹金錢遊戲。

這讓世界的貧富差距更嚴重。

國際慈善團體樂施會（Oxfam International）統計，二〇一五年全球財富有一半掌握在百分之一的富人手中，而這個數字在二〇〇九年時爲百分之四十四，意卽貧富差距正不斷擴大。

這個狀態很像法國大革命前夕。

如果世界繼續風靡金錢遊戲，擴大貧富差距，難保不會發生全球性的法國大革命。

Epilogue

後記

目前各個先進國家的財政都有共同的問題。

那就是「避稅天堂」。

避稅天堂就是開曼群島、南太平洋島國之類稅金非常低的地方。藉由吸引全世界的富人與大公司前來設籍逃稅，以活化當地經濟，故得其名。

現在世界各國的富人與大企業前仆後繼逃往避稅天堂，有些人住在自己國家境內，卻設籍在避稅天堂以方便逃稅。

因爲有這樣的避稅天堂，先進國家的富人與大企業都不太需要繳稅，只好對中低收入的民衆課重稅。

……這是不是似曾相識？

對，正是本書中多次提及的「亡國模式」。

國家興亡有一定的模式。

強國的財政與稅收制度都相當健全。

當富人有逃稅特權，國家對中低收入民眾課重稅，國家就要衰亡。所以國家要長治久安，就不能出現「逃稅的權貴」。

目前避稅天堂讓世界各地都出現逃稅權貴，或許即將引發世界級的「亡國」。

本書的主題是從金錢的流動看世界史，卻不得不在這個大主題的最後提出如此警語，實感遺憾。如果本書有機會改版，希望時局已經好轉，不再需要這樣的警語。

最後，在此感謝KADOKAWA的間先生等人鼎力相助，提供機會給筆者出版如此迷人的主題。

二〇一五晚秋　作者筆

參考文獻

Reference

《納粹經濟與新貿易》
東京大學社會科學研究所編纂，
東京大學出版會
《納粹經濟，塚本健著》
東京大學出版會
《凱因斯與世界經濟》
岩本武和著，岩波書店
《日本經濟史 近代—現代》
杉山伸也著，岩波書店
《帝國主義之下的日本海運》
小風秀雅著，山川出版社
《日本經濟史》1～6
石井寬治、原朗、武田晴人編纂，
東京大學出版會

《日本經濟史》
永原慶二著，岩波書店
《日本鐵路草創期》
林田治男著，MINERVA 書房
《日本鐵道一百二十年》
澤和哉著，築地書館
《日本經濟兩百年》
西川俊作、尾高煌之助、齋藤修編纂，
日本評論社
《日本產業史》1～2
有澤廣巳監修，日本經濟新聞社
《Telcom 經濟史》
藤井信幸著，勁草書房
《東亞近現代通史》（第一卷～第五卷）
和田春樹等人編纂，岩波書店

《西洋支配與亞洲》
Kavalam Madhava Panikkar 著，左久梓譯，
藤原書店
《日英同盟》
關榮次著，學習研究社
《戰爭的科學》
Ernest Volkman 著，茂木健譯，
神浦元彰監修，主婦之友社
《懂石油就懂世界》
瀨川幸一編纂，朝日新聞出版社
《金融與帝國》
井上巽著，名古屋大學出版會
《從石油來看日本爲何打輸太平洋戰爭》
岩間敏著，朝日新聞社
《戰前日本的石油攻防戰》
橘川武郎著，MINERVA 書房

《石油的歷史》
Etienne Dalemont、John Carrie 著，
三浦禮恆譯，白水社
《日本的外交》（第一卷）
井上壽一編纂，岩波書店
《戰前日本的安全保障》
川田稔著，講談社現代新書
《殲滅日本經濟》
Edward S. Miller 著，金子宣子譯，新潮社
《餐桌上的世界史》
宮崎正勝著，角川 Sophia 文庫
（繁體中文版，遠足文化出版）
《了解「錢」的世界史》
宮崎正勝著，角川 Sophia 文庫
《蘇聯崩潰一九九一》
石鄉岡建著，書苑新社

《蘇聯崩潰史》
上島武著，窗社

《稅金西洋史》
Charles Adams 著，西崎毅譯，
Life Reaserch Press

《經濟大國興亡史》上下集
Charles P. Kindleberger 著，中島健二譯，
岩波書店

《大國爲何沒落》
Glenn Hubbard &Tim Kaine 著，
久保惠美子譯，日本經濟新聞出版社

《圖解金錢歷史全書》
Catherine Eagleton & Jonathan Williams 著，
湯淺赳男譯，東洋書林

《金融世界史》
板谷敏彥著，新潮社

《帳簿世界史》
Jacob Soll 著，村井章子譯，文藝春秋

《黃金世界史》
增田義郎著，講談社學術文庫

《圖解古埃及生活記》上下集
Eugen Strouhal 著，內田杉彥譯，原書房

《蒙古與明朝》
愛宕松男、寺田隆信著，講談社學術文庫

《古猶太社會史》
H. G. 奇班堡著，奧泉康弘、紺野馨譯，
教文館

《猶太移民的紐約》
野村達朗著，山川出版社

《羅斯柴爾德王朝》
Frederic Morton 著，高原富保譯，新潮社

《中國古代貨幣》
柿沼陽平著，吉川弘文館
《圖解中國科學與文明》
Robert Temple 著，牛山輝代譯，河出書房新社
《中國銅錢的世界》
宮澤知之著，佛教大學通訊教育部
《宋錢的世界》
伊原弘編，勉誠出版
《創造世界史的海盜》
竹田いさみ著，筑摩新書
《海盜船長德瑞克》
杉浦昭典著，講談社學術文庫
《非洲史的意義》
宇佐美久美子著，山川出版社
《鄂圖曼帝國》
鈴木董著，講談社現代新書
《蒸汽船的世紀》
杉浦昭典著，NTT 出版
《圖解西洋經濟史》
飯田隆著，日本經濟評論社
《凱因斯》
Robert Skidelsky 著，淺野榮一譯，岩波書店
《德國經濟史》
Hans Mottek 著，大島隆雄譯，大月書店
《德國大通膨》
渡邊武著，大月書店
《德國人談新德國的眞相》
Hjalmar Schacht 監著，三上正毅譯，今日問題社

執筆協力　武田知弘

お金の流れでわかる世界の歴史：富、経済、権力……はこう「動いた」

一小時讀通世界金融史

從古羅馬帝國、羅斯柴爾德家族到金融海嘯，看懂國家興衰與金融巨頭崛起的意外真相！

作　　者 —— 大村大次郎
譯　　者 —— 李漢庭
責任編輯 —— 賴虹伶
封面設計 —— 初雨有限公司
排　　版 —— 初雨有限公司
行銷企劃 —— 張偉豪、張詠晶、趙鴻祐
行銷總監 —— 陳雅雯
副總編輯 —— 賴譽夫

一小時讀通世界金融史 / 大村大次郎著 ; 李漢庭譯 . -- 初版 . -- 新北市 : 遠足文化事業股份有限公司, 2024.05
256 面 ;14.8 x 21 公分
譯自 : お金の流れでわかる世界の歴史 : 富、経済、権力……はこう「動いた」
ISBN 978-986-508-296-3(平裝)

1.CST: 金融史 2.CST: 世界史

561.09　　113005127

出　　版 —— 遠足文化事業股份有限公司
發　　行 —— 遠足文化事業股份有限公司 (讀書共和國出版集團)
地　　址 —— 231 新北市新店區民權路 108 之 2 號 9 樓
郵撥帳號 —— 19504465 遠足文化事業股份有限公司
電　　話 —— (02) 2218-1417
信　　箱 —— service@bookrep.com.tw

法律顧問 —— 華洋法律事務所 蘇文生律師
印　　製 —— 呈靖有限公司
出版日期 —— 2024 年 5 月 初版一刷
定　　價 —— 380 元
I S B N —— 9789865082963（紙本）；
9789865082949（PDF）；9789865082956（EPUB）
書　　號 —— 0WTZ0031